超譯

니체의 말

II

超譯
니체의 말 II

시라토리 하루히코 편역
박미정 옮김

책의 선율에 대하여

전작 《초역 니체의 말》의 기저에 흐른 사상이 '자신에 대한 존경심', '삶의 기쁨', '자기 극복'이었다면 본서의 기저에는 '삶의 창조', '고난의 수용', '높은 것에 대한 의지'가 담겨 있다.

'삶의 창조'란 매일 반복되는 삶의 방식을 자신의 의지로 하루하루 새롭게 만들어나감을 의미한다. 그러나 불행히도 현대에는 굳이 만들어나가지 않아도 하루는 자동적으로 흘러간다고 생각하는 이들이 많은 듯하다. 매일 같은 길을 걸으며, 같은 장소에 가고, 같은 것을 하고, 늘 하던 일을 적당히 해내는 것이 인생이라고 말하는 이도 있다. 아무런 의문도 갖지 않고, 위험한 일에는 몸을 사리고, 능숙하게 윗사람의 비위를 맞추면서 안정되고 평범한 생활을 영위하는 것을 만족스러운 인생이라 여긴다. 하지만 과연 그러할까? 그처럼 완벽히 보호되고 만족을 가져다주는 인생이 과연 현실에 존재할까? 존재한다 손 치더라도 금세 사라져버릴 신기루 같은 착각일 뿐이다. 누구나 알고 있듯이 현실의 인생에 안정이란 없다. 인간의 삶은 유동적이다.

흔들리고 불안정하며 상승과 하강을 반복한다. 사람의 기분조차 배 속에 음식이 있느냐 없느냐로 180도 달라지는데 하물며 생활과 인생은 어떠하랴.

　니체는 이 같은 인간 삶의 불안정을 살아 있음의 본질이라고 받아들였다. 그리고 이러한 유동적인 변화를 가장 적절하게 표현할 수 있는 단어를 제시했는데, 그것이 'Werden'이다. 독일어인 이 말은 사물이나 사람이 무언가로 되어가는 것, 변화하는 것, 성장하는 것, 태도를 바꿔가는 것에 널리 사용된다. 니체 관련 번역서는 이를 '생성'으로 번역했다. 우리가 살아가는 하루하루는 그야말로 생성의 나날들이다. 힘에 이끌릴 것인가, 퇴락할 것인가, 만들어낼 것인가, 게으름을 부리며 퇴행할 것인가, 획득할 것인가, 잃을 것인가, 사랑할 것인가, 버릴 것인가, 기를 것인가, 죽일 것인가……. 정체도, 적당한 유지도 불가능하다. 늘 동적이다. 그것이 인간의 하루하루가 지닌 현실이다. 그렇기에 우리는 자신의 하루하루와 삶의 면면을, 꿈을 향해 자신의 결단으로 능동적으로 창조해나가야만 한다. 즉 자신을 부단히 만들어가야 한다. 그것이야말로 살아가는 것 그 자체이기 때문이다. 마치 세포가 침묵 속에서 생과 사의 창조를 반복하듯 말이다.

'고난의 수용'이란 문자 그대로 인생의 고난을 받아들인다는 의미이다. 삶에서 맞닥뜨리는 고난은 재해도 벌도 아니다. 고통은 이 세상을 살아가는 이에게 반드시 수반되는 것이며, 니체는 그 필연을 받아들이라고 말한다. 고난을 수용하고 어떻게든 극복했을 때 인간은 변화한다. 낡은 자신으로부터 '탈피'한다. 그럼으로써 그전과는 삶의 풍경이 달라진다. 바라보는 눈이 달라지며, 감회도 달라진다. 자기 자신이 완전히 변화한다. 생성의 과정을 한 단계 거쳤기 때문이다. 무언가를 이루거나 창조해내는 경우에도 고난과 장애는 뒤따르기 마련이다. 그 고난과 장애를 뛰어넘지 않으면 무엇도 만들어낼 수 없다. 고난 없이 천재가 된 이는 지금껏 아무도 없었다. 고난은 사람을 성장시키고 살아갈 용기를 준다. 결론적으로 고난은 강하게 살아가고자 하는 이의 '생성의 나날'에 없어서는 안 될 은총과 같은 것이다.

'높은 것에 대한 의지'란 인간이 가진 능력의 극한까지 도달하려는 의지를 말한다. 여기에는 타인에게 보이기 위함이 아닌 자신만을 위한 고독한 고결함, 범상치 않은 적극성이 담겨 있다. 만약 많은 것을 가지려고 하는 세속적 탐욕에 함몰되어 버리면 자신이 딛고 있던 땅은 탐욕에 힘없이 점령당하고, 높이 있는 것에 대한 의지는 멀리서 차갑게 빛나는 별처럼 요원한 것이 되고 말 것이다. 물론 높은 곳을 바라보는 것은 생성의 과정에 있는 본인이 선택하는 것이다. 아무것도 바라지 않는다면 결국 타락하고 쇠퇴할 수밖에 없다. 애매한 상태로 완충지대에 남아 있는 것은 불가능하다. 왜냐하면 앞서 말한 대로 인생의 본질이란 유동과 생성 속에 있기 때문이다. 애초에 완충지대란 존재하지 않는다. 아무런 결단도 내리지 않으면 세상의 탁류에 쓸려갈 뿐이다. 더불어, 높은 곳을 향하기 위해서는 험준한 낭떠러지를 등반할 때와 다름없는 수고와 노력이 필요하다. 그리고 고통은 그만큼 자신을 성장시키고 보다 많은 쾌락을 가져다줄 것이다. 그 쾌락은 이 삶을 살게 되어 다행이라고 여기는 긍정과, 종국에는 모든 세상사와 풍경을 긍정하는 것마저 아우른다. 바로 이것이 니체가 명명한 '성스러운 긍정'이다.

니체가 시종일관 자극적인 사상만을 전개했던 것은 아니다. 그의 저
서에는 섬세한 감수성을 엿볼 수 있는 편린도 담겨 있다. 그러한 부분
들을 《생성의 무죄》에서 몇 가지 인용하려고 한다.

> "정오에 울려 퍼지는 마을 탑의 종소리는 경건한 마음과 굶
> 주림을 동시에 깨닫게 한다."
> "작은 마을의 골목길을 비추는 휴일의 햇빛과 같이, 보는 것
> 만으로도 만족스럽다."
> "겨울이 끝나갈 무렵 눈이 녹아내린 깊은 골짜기는 창백한
> 낮빛을 띤다."
> "숲의 시냇물 곁을 걸을 때는 우리 마음속에 있는 선율이,
> 강하게 흔들리는 다채로운 소리가 되어 울려퍼진다."

당시 사람들이 남긴 편지나 기록에 따르면 니체의 성품은 온화했다
고 한다. 목소리는 조용하고 행동은 조심스러웠다. 그러나 타인에게 그
런 인상을 풍겼을지언정 그의 내면은 대쪽 같았던 것 같다. 니체는 비참
하고 남루한 삶을 그저 받아들이며 살아가는 수동적인 삶을 혐오했다.

생생히 살아 있는 자신, 고난을 극복하는 강인한 의지와 생성하는 삶의 세계관을 피력한 니체. 타오르는 무언가를 품고 멀리 보이는 산봉우리들을 결연한 눈빛으로 바라보았을 생의 철학자를 그려보며 글을 마친다.

시라토리 하루히코

들어가는 글　　004
책의 선율에 대하여

Ⅰ
━ 세상에 대하여 ━

001 행위의 주체를 잊지 마라 | 002 불신의 정체 | 003 그 무엇도 있는 그대로 보지 않는다 | 004 인상의 강약에 굴복한다 | 005 위엄을 드러내는 무리의 정체 | 006 누구나 자신만의 도덕을 가진다 | 007 권위는 살아갈 힘을 소진한 자들에게 의지한다 | 008 국제화는 인간을 진화시킨다 | 009 국가가 아닌 자신의 이상에 걸어라 | 010 테러리즘이 고개를 드는 때 | 011 세상의 몰이해 | 012 어른 안의 아이 | 013 자선의 조건 | 014 실제 자연은 상상과는 전혀 다르다 | 015 세상으로부터 도망치지 마라 | 016 지옥의 시선 | 017 뛰어난 글에는 통합의 정신이 있다 | 018 원인과 결과에 대하여 | 019 가치를 결정짓는 것 | 020 승리에 우연이란 없다 | 021 적의 등장이 기쁜 까닭 | 022 하나의 색으로 물들여버린다 | 023 광기의 집단성 | 024 자신만의 도덕을 품은 고귀한 사람 | 025 세상의 파도 속에서 표류하지 않기 위하여 | 026 높은 곳에서 무엇을 볼 것인가 | 027 두려움 때문에 동조하는 사람 | 028 정치가의 눈에 보이는 두 부류의 사람 | 029 구원

의 열쇠는 같지 않다 | 030 있는 그대로의 세계란 형태가 없다 | 031 철학자가 추구하는 것 | 032 가치 평가의 포장 | 033 발이 묶인 이들을 대중이라 부른다

II
⊷ 인간에 대하여 ⊶

034 사람은 들쭉날쭉 변모를 거듭한다 | 035 어떤 마음으로 살아가야 할지 알 수 없을 때 | 036 강함과 냉혹함은 다르다 | 037 교활한 자의 본질 | 038 타인을 도울 때의 심리 | 039 자기 일에 열중하는 친구를 사귀어라 | 040 친구를 위한 침묵 | 041 친구에 대한 동정의 깊이 | 042 한결같은 환대는 불신의 다른 얼굴이다 | 043 자신 안의 악과 마주하라 | 044 사랑받는 강한 자 | 045 증오의 대상 | 046 속박을 기다리는 사람 | 047 고도의 능력자는 대중의 이해를 받지 못한다 | 048 헌신이라 부를 수 있는 것 | 049 즐길 수 없는 자가 쾌락을 추구한다 | 050 독창적인 사람이란 | 051 천재적 능력의 본질 | 052 타인의 불행을 기뻐하는 심리 | 053 동질감을 느끼는 순간 | 054 젊은이를 파멸시키는 독약 | 055 동물의 일갈 | 056 불행한 짐승 | 057 고귀한 인간을 만드는 것 | 058 재능을 아낌없이 발휘하기 위해서 | 059 상냥함에 대한 불신 | 060 실체는 가려져 있다 | 061 타인의 어떤 면을 볼 것인가 | 062 약속한다는 것 | 063 이런 자를 멀리하라 | 064 가치 없는 비판과 험담 | 065 호언장담하는 사람치고 | 066 가끔은 고독을 청하라 | 067 천재는 기적의 결과물이 아니다 | 068 꿈꾸는 모습으로 빚어나갈 수 있다

III
✦— 자신에 대하여 —✦

069 자신을 능가하는 목표를 지녀라 | 070 자신을 드러내라 | 071 결점이라는 이름의 스승 | 072 모든 체험은 이어져 있다 | 073 군중 속에서 개인의 존재는 사라진다 | 074 불안한 자는 사랑받길 갈구한다 | 075 최고의 싸움 기술 | 076 아직 더 멀리 갈 수 있다 | 077 일상의 행동이 나라는 사람을 만든다 | 078 망가진 곳에서 새로운 자신을 보다 | 079 탈피를 거듭하라 | 080 벌거벗은 자신을 보라 | 081 사실의 색깔은 마음에 달려 있다 | 082 자신을 위한 정원사 | 083 자신에 대한 기쁨 | 084 내 안의 문제와 대면하라 | 085 이상에 대한 길이 도덕이 된다 | 086 자기 자신에 대한 망설임 | 087 공정하기 위한 고독 | 088 자유의 증거 | 089 허세는 자신마저 속인다 | 090 흔해 빠진 의견만 나오는 이유 | 091 자신을 소홀히 여기지 마라 | 092 책을 쓴다는 것 | 093 내 안의 야생을 풀어놓자 | 094 찬란히 빛나는 당신만의 한여름을

IV
✦— 사랑과 아름다움에 대하여 —✦

095 사랑만이 구원한다 | 096 지나친 사랑은 위험하다 | 097 사랑에 의해 행해지는 것은 | 098 사랑이라는 이름의 다리 | 099 사랑은 선악의 피안에 있다 | 100 사랑은 사람 안의 보석을 찾아낸다 | 101 자신의 욕망만

을 사랑하는 마음 | 102 사랑하는 자와 사랑받고자 하는 자 | 103 가장 먼저 자신을 사랑하라 | 104 사람이 아름답다 | 105 들꽃 | 106 예술적 본능이 사람을 살게 한다 | 107 예술을 낳는 조건은 도취다 | 108 예술을 창조하는 힘 | 109 밤을 위한 음악과 달 | 110 음악은 영혼을 밖으로 이끈다 | 111 음악 그 자체의 즐거움 | 112 받아들여야 사랑할 수 있다 | 113 음악 속에는 여인이 있다 | 114 음악의 힘 | 115 무엇이 아름다움과 추함을 구분짓는가

V
✦— 지성에 대하여 —✦

116 진실에는 고통이 수반된다 | 117 새로운 것에 대한 두려움 | 118 별들의 위치에 새로운 의미가 부여되듯이 | 119 지혜는 분노를 진화한다 | 120 앎의 기본 | 121 미인과 진리의 공통점 | 122 지혜는 구원의 무기다 | 123 학습의 효과는 따로 있다 | 124 한 권의 책에는 영원이 살아 있다 | 125 육체는 위대한 이성이다

VI
❖── 말에 대하여 ──❖

126 언제 무엇을 말해야 하는가 | 127 말의 향기 | 128 상대를 상처 입히고 싶다면 | 129 크리에이터라면 깃발을 세워라 | 130 말에 포함된 왜곡 | 131 말이라는 망망대해를 향해 노를 저어라 | 132 상대가 답하기 쉬운 질문을 하라 | 133 거짓이 말하는 진실 | 134 말로는 다하지 못하는 것

VII
❖── 마음에 대하여 ──❖

135 부정을 저지르지 않아야 하는 이유 | 136 기분을 끌어올린 후 일을 하라 | 137 피로의 위험성 | 138 고통이라는 이름의 조미료 | 139 느끼는 방식은 변화한다 | 140 제멋대로 이해하고 있을 뿐이다 | 141 슬픔을 잊게 하는 것 | 142 위대한 고뇌와 씨름하라 | 143 의존에 대한 욕구 | 144 어떤 판단이든 색이 묻어 있다 | 145 생활 여건이 가치관을 바꾼다 | 146 도덕은 내면에서 샘솟는다 | 147 이해받고 싶지 않은 이유 | 148 무언가를 이루려 한다면 | 149 행동을 관철하기 위해 | 150 호기심은 어디에나 있다 | 151 인간은 이해하기 어려운 것을 중시한다 | 152 행복을 거부하는 사람 | 153 호의는 작은 꽃 | 154 부끄럽다고 느낄 때 | 155 금욕주의자만이 뛰어오를 수 있다 | 156 언제나 마음속에 맞수를 담아두어라 | 157 내 안의 풍요를 깨달아라 | 158 고통은 배를 지휘하는 선장의 목소리다 | 159 매력

의 비밀 | 160 자신을 되찾는 방법 | 161 인기를 얻는 기술 | 162 싸우는 자는 적과 닮아간다 | 163 사람은 누구를 증오하는가 | 164 두 종류의 칭찬 | 165 단단하게도 부드럽게도 산다 | 166 용서의 어려움 | 167 이해타산과 격정의 결합 | 168 떠들썩한 것이 위안이 될 때 | 169 완전한 행복의 조건 | 170 좋고 싫은 이유 | 171 나약할 때 증오를 느낀다 | 172 위로 아닌 위로 | 173 죄의식의 무게는 다른 사람에게 전가된다 | 174 봉사의 평가 | 175 행동은 결코 자유롭지 않다 | 176 고민의 작은 상자에서 탈출하라

VIII
☞ 삶에 대하여 ☜

177 기다리지 말고 나아가라, 살아라 | 178 일은 사람을 강하게 만든다 | 179 현실은 제대로 살아가는 방법 | 180 모든 것을 순순히 받아들여라 | 181 과거를 지나치게 사랑하지 마라 | 182 자연이 가르쳐주는 것 | 183 자연은 이루어낸다 | 184 끊임없이 도전하라 | 185 초라하게 살지 마라 | 186 고뇌는 생명력을 샘솟게 한다 | 187 고인 물은 썩는다 | 188 좋은 것은 우리를 삶으로 이끈다 | 189 인생은 형태가 없다 | 190 인생은 끝까지 살아내는 여로 | 191 칭찬받은 젊은이에게 | 192 더욱더 성장하라 | 193 진정 바라는 것은 고난 끝에 반짝이고 있다 | 194 쇠약의 착각 | 195 근심하지 않는 나비처럼 | 196 홀로 사막을 건너라 | 197 청춘이기에 아프다 | 198 사형의 무게 | 199 구해도 얻지 못한다면 | 200 자신의 발로 나아가라 | 201 쟁취하라 오직 자신의 힘으로 | 202 멈춰 서면 디딤돌이 되리라 |

203 독을 거름으로 | 204 우리 역시 언제 죽을지 모르기에 | 205 완전한 삶을 염원하는 자의 도덕 | 206 인생에는 고통과 쾌락이 공존한다 | 207 자신이라는 인간을 체험하는 것, 그것이 인생이다 | 208 작게 살지 마라 | 209 육체적 욕망에 가치를 매기지 마라 | 210 재능을 살리는 원동력 | 211 고통은 인생이 주는 선물 | 212 획일적 사고와 태도의 늪에서 단호히 탈출하라 | 213 높은 곳에 오르기 위해서는 | 214 물고기의 변명 | 215 창조하는 이들에게 건네는 비밀 | 216 인생의 의미는 그 손에 있다 | 217 용기가 가치를 창출한다 | 218 이전에는 알지 못했던 구원 | 219 행위가 운명을 낳는다 | 220 어떻게 살 것인가 | 221 자기 일이 최고라고 믿으라 | 222 목표를 포기하지 마라 | 223 기분이 이끄는 대로

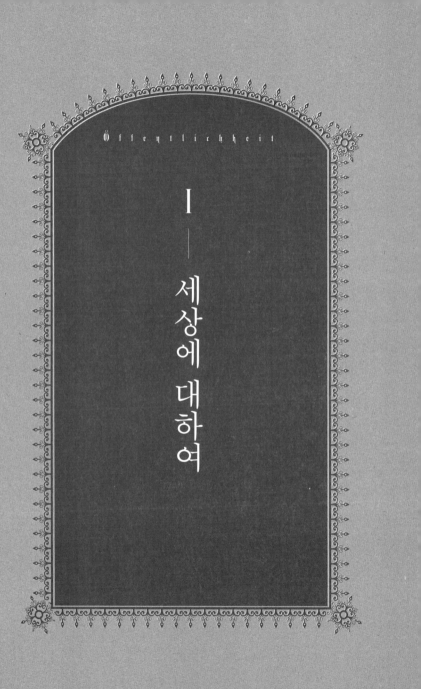

Öffentlichkeit

I
—
세
상
에
대
하
여

Öffentlichkeit

001
행위의 주체를
잊지 마라

━ 세상의 상식, 도덕, 양심이 아무것도 하지 말고 욕망을 억누르라며 쉴 새 없이 떠들어 댄다. 그 속에서 우리는 이건 괜찮을까, 이건 참아야 할까 갈등하다 결국 위축되고 만다. 그러나 잊지 말아야 할 사실이 있다. 실제 행위를 하는 주체는 그 누구도 아닌 나 자신이라는 점이다. 규범이나 도덕, 상식 따위의 잔소리에 얽매이지 않고 자신이 진심으로 원하는 일을 굳건히 관철해나가라. 그러는 동안 방해가 되는 것, 쓸모없는 것, 불필요한 것은 자연히 떨어져나갈 것이다. 그 누구의 눈치도 볼 필요 없다. 그저 굳게 결심하고 열정적으로 행동하라.

즐거운 지식 ■

002

불신의
정체

━ 사람들은 타인에 대해 누구는 감정적이다, 누구는 차갑다, 누구는 현명하다와 같은 특징적 성향을 암묵적으로 정해놓곤 한다. 그리고 그이들은 언제나 그 틀을 유지해야 한다고 믿는다. 그런 독단적인 사고 탓에, 현명하다고 규정지었던 사람이 쩔쩔매거나 갈팡질팡 판단을 내리지 못하는 모습을 보이면 그에게 붙인 꼬리표에 괴리를 느끼고 순식간에 불신의 눈길을 보낸다.

선악을 넘어서 ■

003

그 무엇도 있는 그대로
보지 않는다

━━ 사람의 눈은 카메라의 렌즈와 비슷한 역할을 하지만 렌즈처럼 앵글에 비친 모든 것을 있는 그대로 투과시키지는 않는다. 가령 석양에 물든 산자락을 넋을 잃고 바라볼 때도 자연의 풍광을 있는 그대로 보는 것이 아니다. 본인 스스로는 마음을 비우고 본다 생각할지라도, 실상은 바라보는 대상 위에 영혼의 얇은 막을 무의식적으로 덮어씌운다. 그 얇은 막이란 어느 사이엔가 성격이 되어버린 습관적인 감각, 찰나의 기분, 다양한 기억의 편린들이다. 풍경 위에 이러한 막을 얹고, 막 너머를 희미하게 바라보는 것이다. 즉 인간이 바라보는 세계란 이미 그 사람의 일부이다.

생성의 무죄 ■

004

인상의 강약에
굴복한다

━━ 우리는 종종, 엄숙하고 거만하며 카리스마 넘치는 태도를 보이는 자가 하는 말을 앞뒤 재지 않고 그대로 납득해버린다. 반대로, 주장의 근거와 이유를 상세히 밝혀 말하는 이에게는 오히려 불신의 눈초리를 보낸다. 말하자면 사람은 인상의 강약으로 최초의 경솔한 판단을 한다.

생성의 무죄 ■

005

위엄을 드러내는
무리의 정체

━━ 대단한 지위를 지닌 무리의 모습을 보자. 자신의 직무나 지위를 보란 듯이 드러내는 복장, 근엄한 눈빛과 표정, 여유 있는 몸짓으로 위압감을 자아낸다. 짐짓 거드름을 피우며 수많은 회의와 의식을 치른다. 알아듣기 힘들 정도로 에둘러 말하며 예의 바른 말투를 선호하고, 납득이 가지 않을 때는 약간의 굳은 표정을 지을 뿐이다. 그들은 그 같은 모습을 통해 위엄을 드러내고자 한다. 왜일까? 무리 밖에 있는 사람들에게 일종의 공포심을 안기기 위해서다. 그들이 속한 조직에 대한 공포, 그리고 그들 자신에 대한 공포, 그 음험하고 뒤틀린 공포심을 이용해 사람들을 손아귀에 쥐려 한다. 그렇게까지 해서 공포심을 주려는 이유는 그들이 겁쟁이이기 때문이다. 혹은 그 위엄에는 아무런 근거가 없기 때문이다.

아침놀 ▋

006.

누구나
자신만의 도덕을 가진다

━━ 이 세상에는 다양한 계열의 도덕이 있다. 우리는 그중 하나, 혹은 몇 가지를 남몰래 골라내어 자신만의 도덕으로 삼는다. 그것도 자신에게 매우 유리한 계열의 도덕을 본능적으로 집어낸다.

생성의 무죄 ■

007

권위는 살아갈 힘을
소진한 자들에게 의지한다

━━ 권위를 쉽게 인정하고, 권위를 머리로 신뢰하고, 권위에 매달리고, 권위를 내세우고, 권위를 바람직하다고 믿는 자들은 어떤 사람들인가? 그들은 스스로 창조할 힘을 잃어버린 사람들이다. 혼자서 무언가를 발상하거나 개척할 힘을 잃은 자들이다. 권위는 이처럼 살아갈 힘을 소진한 자들에게 기대어 있다.

생성의 무죄 ■

국제화는
인간을 진화시킨다

━━ 민족적인 것, 민족이 예전부터 계승해온 것, 이를테면 전통의상, 풍습이나 관습, 약속된 사고방식, 방언, 문예양식 등은 시대가 변화함에 따라 가속도를 내며 서서히 희미해진다. 이것은 개탄해야 할 문제가 아니다. 이는 우리가 국가라는 울타리를 넘어 저 멀리 존재하는 사람들과 서로 이해하기 위한 길, 어찌 보면 더욱 고도의 인간이 되기 위한 길을 걷고 있는 것이기 때문이다. 이러한 과정을 통해 인류는 고대로부터 이어져온 야만성을 조금씩 탈피하고 조금 더 진화한 인간으로 변모해나간다.

생성의 무죄 ■

국가가 아닌
자신의 이상에 걸어라

▬ 국가는 국가의 존속을 최우선 목표로 삼는다. 국익의 핵심 역시 국가의 유지다. 그리고 궁극의 목표를 위해서라는 명분으로 추잡하고 비인간적인 행위를 아무렇지 않게 신성화하는 경향이 있다. 그러나 국가의 존립 목표가 국가의 유지라는 것은 근거 없는 소리다. 국가의 권력체제에 모여드는 것은 오로지 자신의 이익을 보전하는 데 혈안이 된 자들뿐이기 때문이다. 그러므로 고작 국가를 위해 자신의 이상을 버리거나, 가치관을 바꿀 필요가 없다. 오히려 자신의 이상을 달성하기 위해 국가를 희생시키는 것이 더 충실한 삶을 사는 것이다.

생성의 무죄 ■

010

테러리즘이
고개를 드는 때

━━ 권력이 충분히 거대하지만, 사람들로부터 존경받을 만한 수준에 도달하지 않았을 경우 체제를 위협하는 조직이 생겨난다. 이어서, 테러리즘이 모습을 드러낸다.

생성의 무죄 ■

011

세상의
몰이해

━━ 세상 사람들의 눈에는 그 차이가 좀처럼 보이지 않는다.
탁하고 얕은 물에서 물고기를 건지는 사람과 맑고 깊은 물에서
물고기를 낚아 올리는 사람의 차이가.

인간적인 너무나 인간적인 ■

012

어른 안의
아이

━━ 아이에게 놀이는 일이며, 동화는 진실 그 자체다. 그럼 어른은 어떨까? 많은 사람이 이리 말할 것이다. 일은 그저 힘겨운 '노동'일 뿐이며, 진실이란 신비롭고 모험 가득한 동화와는 너무도 동떨어진 '현실'이라고. 그러나 곰곰이 생각해보자. 평생토록 열정을 쏟아 몰두하는 일이 인생의 놀이가 아니면 무엇이며, 무궁무진한 세상 속 이야기에서 진실을 찾고 그로 인해 울고 웃으며 살아가는 현실보다 더 동화다운 것이 무엇일는지.

인간적인 너무나 인간적인 ■

013

자선의
조건

━━ 가난과는 거리가 멀고 풍족하다, 세상 사람들에게 존경을 받는다, 타인을 정중하게 대하며 평판도 나쁘지 않다, 건강하고 치통도 없다, 가볍게 식사를 한 후 속이 편안하다. 이럴 때 인간은 아낌없는 자선을 베풀 수 있다.

인간적인 너무나 인간적인 ■

014

실제 자연은
상상과는 전혀 다르다

━━ 자연을 두고 아름답다, 가혹하다, 자연이야말로 영원하다고 말하는 것은 자유다. 그러나 그럴 때 사람은 저 역시 자연의 일부라는 사실을 완전히 망각한다. 우리는 자연의 면면을 잘 알고 있다고 생각하지만, 실제 자연은 상상과는 전혀 다른 것이다.

인간적인 너무나 인간적인 ■

015

세상으로부터
도망치지 마라

━━ 여기 간곡한 부탁이 있다. 현재의 세상과 자기 자신을 혐오한다는 이유로 세상에 존재하지 않는 것을 망상하며 현실을 도피해놓고, 결국은 현세를 초월했다고 믿는 행동은 하지 마라. 모든 것은 이 세상에서 비롯되었음을 잊지 마라. 종교든 예술이든 이 세상에서 싹을 틔웠다. 당신 또한 다르지 않다.

철학자의 서 ▨

016

지옥의
시선

── 이 세상에는 차마 인간이라 할 수 없는 자들이 득시글거
린다. 그들의 특징은 사람을 자신의 목적을 이루기 위한 수단
으로 생각한다는 점이다. 나아가 사람에 대한 멸시가 극에 치
달으면 타인을 그저 도구로만 여긴다. 그들은 이따금 자신조차
도 그렇게 생각한다. 그래서 때로는 자신을 소홀히 여기고 아
무렇지도 않게 자신을 버리기도 한다.

인간적인 너무나 인간적인 ■

017

뛰어난 글에는
통합의 정신이 있다

━━ 뛰어난 글은 어떻게, 시대를 막론한 수많은 인물의 사고와 행위, 미묘한 감정을 그토록 세세히 담을 수 있을까? 하나의 서사를 말하면서도 처지와 성격이 상이한 별개의 인간들을 어쩌면 그리 생생히 표현할 수 있는 것일까? 뛰어난 글은 작가 개인만의 정신으로 만들어지는 것이 아니기 때문이다. 벗의 마음과 영혼, 나아가 무수히 많은 타인의 마음과 영혼을 아우르고 있기 때문이다. 그것이 바로 통합의 정신이며, 그 안에는 수많은 사람이 함께 숨쉬고 있다.

인간적인 너무나 인간적인 ▉

018

원인과 결과에
대하여

━ '원인과 결과'라고 한데 묶어 말하지만 그 두 가지가 직접적으로 이어져 있는 것은 아니다. 때로 원인은 결과를 통해 개연적으로 추리된다. 결과에 따라 원인이 전혀 달라진다. 원인도 결과도 언제나 무언가의 도중에 놓여 있는 상태일 따름이며 어떤 각도에서 바라보느냐의 차이만이 존재한다. 그곳에 단호하게 선을 긋고 이름을 부여하는 것은 우리의 머리다.

즐거운 지식 ■

가치를
결정짓는 것

━━ 어떠한 사물도 처음부터 그 자체로서 가치를 지니지는 않는다. 누군가가 그것을 유용하게 활용하는 순간, 적어도 그에게만큼은 가치가 발생한다. 그러나 요즈음은 생활의 편의를 얼마나 도모하느냐와 같은 실질적인 활용도보다 개인의 취미와 심미안에 들어맞는 것의 가치를 더 높이 평가한다. 말하자면 취향이나 감각과 같은 관념적이고 유동적인 것이 사물의 가치를 결정한다.

생성의 무죄 ▨

020

승리에
우연이란 없다

━━ 요행은 있을 것이다. 그러나 우연은 없다. 적어도 이기는 것에 관해서는. 승리한 자 가운데 우연을 믿은 자는 단 한 명도 없다.

즐거운 지식 ■

적의 등장이
기쁜 까닭

━━ 지독히 강하고 인정사정없는 적과 맞닥뜨려 싸울 수밖에 없는 상황이라면, 그때야말로 기뻐하며 맞서라. 운명이 당신 편이기 때문이다. 운명이 당신에게 최고의 승리를 안겨주기 위해 그를 보냈다. 당신은 운명에게 최고급 대우를 받고 있는 것이다.

즐거운 지식 ■

022

하나의 색으로
물들여버린다

━━ 누군가에게 자신이 무서운 존재로 각인되길 원한다면 무서웠던 체험을 천천히, 진지하게 들려주어라. 냉혹한 이로 기억되길 바란다면 냉혹했던 체험을, 난해한 사람이라 여겨지길 원한다면 얽히고설켜 복잡했던 체험을 들려주면 된다. 대부분의 사람들은 '일어난 일'과 그 일을 '체험한 사람'을 분리해 생각하지 않는다. 둘을 같은 것이라고 혼동하며 한 가지 색으로 인상을 물들여버린다.

선악을 넘어서 ▨

Öffentlichkeit

023
광기의
집단성

━━ 개인이 홀로 광기에 사로잡히는 일은 매우 드물다. 그러나 개인과 개인이 모여 어떤 단체가 되었을 때, 한 당파로 결속되었을 때, 민족으로서 단결했을 때 혹은 시대의 소용돌이에 휘말렸을 때에는 스스로도 의식하지 못한 채, 그러나 너무도 당연하게 광기에 사로잡힌다.

선악을 넘어서 ■

024

자신만의 도덕을 품은
고귀한 사람

━━ 나는 고귀한 누군가가 나타나기만을 갈망한다. 누구에게
도 아부하지 않는 사람. 주변 사람들에게는 거만하고 제멋대
로인 이기주의자로 보일지 모르지만 자신이야말로 가치를 결
정하는 자라고 자부하는 사람. 타인의 인정을 받지 못하더라
도 의연한 사람. 기존의 가치관 그리고 세상의 가치관은 전혀
개의치 않고 자신만의 도덕을 품는 사람. 그리고 그 의지를 반
드시 관철시키는 사람. 그런 사람은 아직 나타나지 않았단 말
인가.

선악을 넘어서 ■

세상의 파도 속에서
표류하지 않기 위하여

━━ 타인을 알아가고 가까이 사귀어 친분을 공고히 하는 것을 사교 혹은 교제라고들 하나, 대다수의 사람들은 사회 속에서 타인과의 교제를 통해 자신의 순수성을 현저하게 잃어간다. 심지어 비열해지기까지 한다. 그렇기에 우리는 더욱 강인해져야 한다. 타인의 주장이나 인간관계에 휘둘리지 않고, 물들지 않고, 휩쓸리지 않고 본래의 자신을 지켜나가야 한다. 세상의 파도 속에서 사교적으로 살면서도 표류하지 않아야 한다. 이를 위해서는 무언가를 버리는 단호함과 용기, 통찰력이 필요하다. 그런 자만이 고독을 두려워하지 않고 오히려 고독 속에 자신을 온전히 내던지는 즐거움을 맛볼 수 있다.

선악을 넘어서 ■

026

높은 곳에서
무엇을 볼 것인가

━━ 끊임없이 자신을 뛰어넘고 변화를 거듭하며 한결같이 오르다 보면, 언젠가는 드높은 어딘가에 다다른다. 그리고 그곳에는 높은 산의 정상과도 같은 탁 트인 전망이 있다. 그곳에 서서 당신이 보려는 것은 무엇인가. 얼굴을 들고 구름 저편에 있는 정상의 그림자를 보려는 것인가. 아니면 의기양양한 미소를 띠며 멸시하듯 지상의 사람들을 내려다보려는 것인가.

선악을 넘어서 ■

027

두려움 때문에
동조하는 사람

━━ 타인의 주장이나 의견에 대해, 모든 이가 깊이 사고한 후 지지나 동조를 보내는 것은 아니다. 사람은 소외되길 염려할 때 동조한다. 혹은 대중 속에 섞여 눈에 띄고 싶지 않을 때, 주변 사람들을 불쾌하게 만들고 싶지 않을 때 동조한다. 어떤 이유이든 그에는 두려움, 일종의 공포심이 내재되어 있다.

생성의 무죄 ■

028

정치가의 눈에 보이는
두 부류의 사람

━━ 정치가의 눈은 사람을 두 부류로 나눈다. 우선 자신에게 도움이 되는 사람이다. 그들은 손발과 도구가 되기를 마다하지 않는다. 단순하고 둔감하며 충직한 데다, 쉽게 감동한다. 또한 이해타산이 밝고 손익에 따라 어떤 일에든 뛰어든다.

또 다른 부류의 사람은 바로 정치가의 적이다.

생성의 무죄 ■

029

구원의 열쇠는
같지 않다

▬ 자신조차 구하지 못하면서 어찌 타인을 구할 수 있느냐고 말하는 사람이 있다. 바꾸어 생각하면 자기 자신을 구원할 수 있어야 타인 또한 구할 수 있다는 의미이다. 언뜻 설득력이 있어 뵈는 논리이다. 그러나 정말 그럴까? 그것이 과연 현실적으로 가능할까? 타인을 구원하는 것은 그리 쉬운 일이 아니다. 가령 내가 구원의 열쇠를 쥐고 있다 할지라도, 상대의 자물쇠를 내 열쇠로 열 수 있으리라는 보장은 어디에도 없기 때문이다.

생성의 무죄 ◼

030

있는 그대로의 세계란
형태가 없다

━━ 사람은 시각적인 정보로 사물을 분류하는 것에 능하고 또 익숙하기에, 형식이라는 틀을 만들어 그에 맞추는 사고방식을 한다. 세상 모든 것에서 일종의 형태를 끄집어내어 분류할 수 있다고 여긴다. 그러나 마음을 비우고 인공물이 아닌 자연을 유심히 바라보라. 자연에는 형식이 없다. 내면도 외면도 없다. 내면은 외면으로 통하고, 외면은 또 내면으로 통하여 모든 것이 이어질 뿐이다. 그렇기에 기본적인 형태 따위는 존재하지 않는다. 자연, 즉 있는 그대로의 세계란 그 자체로 의미를 지니는 것이기에 인간이 규정해놓은 질서로 분류할 수 없다.

철학자의 서 ■

031

철학자가
추구하는 것

━━ 철학자가 원하는 것은 진리가 아니다. 바로 세계의 모습
이다. 세계가 어떤 모습을 하고 있는지, 그 윤곽을 따라 그려보
고 싶은 것이다. 적어도 세상에 존재하는 것 중 하나는 자기 나
름대로 해석해보길 원한다. 말 그대로 나름의 해석이므로 그것
은 언제나 의인적 해석이나 구성이다. 철학자는 모든 일과 세
계를 인간과 같은 것이라고 간주한다.

철학자의 서 ◥

가치 평가의
포장

━━ 예전부터 몇 번이고 거듭되던 것이 지금 또다시 되풀이 되고 있다. 그러나 우리는 그것을 과거와 동일한 사건의 반복 이라고 생각하지 않는다. 다른 의미를 부여함으로써 가치와 평 가를 바꾸고, 마치 무척 현대적이고 새로운 일인 양 인식하려 는 습성이 있기 때문이다. 비슷한 말들로 바꿔 부르는 가치 평 가의 포장은 일상 곳곳에서도 일어나고 있다. 실제로는 살인에 지나지 않는 것을 전쟁, 분쟁, 사변, 전란, 탄압, 진압, 평정, 혁 명, 테러리즘이라 부르는 것처럼.

생성의 무죄 ■

033

발이 묶인 이들을
대중이라 부른다

━━ 사람은 대개 자신이 사는 곳의 지방색, 직종, 지위와 입장, 나아가 그 시대의 지배적 상식, 인습을 통해 사고방식을 형성한다. 그리고 다른 사람들과 같은 생각을 하고 있음에 안도한다. 그러나 이는 한편으로 구속되어 있는 것이기도 하다. 그저 많은 사람들과 함께 발이 묶인 채, 대중이라는 이름 뒤에 가려져 있기에 자각하지 못하는 것뿐이다.

인간적인 너무나 인간적인 ■

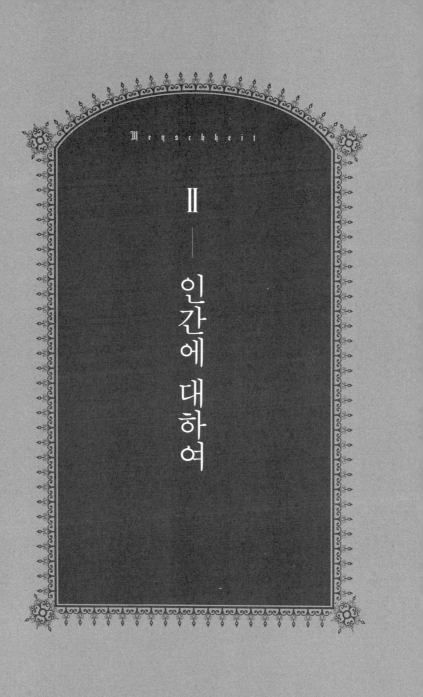

Menschheit

Ⅱ
—
인간에 대하여

Menschheit

034
사람은 들쭉날쭉
변모를 거듭한다

━━ 사람은 저마다 성격이라는 것이 있으며, 그것은 개인 고유의 특성이기에 시간이 흘러도 변하지 않는 절대적인 것이라고 흔히들 생각한다. 그러나 이는 고작 수십 년밖에 되지 않는 인간의 수명, 그중에서도 단기간에 겉으로 드러난 성향과 언행을 보고 그 사람의 성격을 마치 고정된 것으로 인식하고 있을 뿐이다. 스스로를 되돌아보면 금세 수긍할 수 있다. 왜냐하면 만나는 사람에 따라 다른 행동을 보이고 있을 테니까. 이렇듯 사람의 성격이라는 것은 그날그날 누구를 만나는가, 어떤 기회와 마주치는가에 따라 들쭉날쭉 변모한다.

인간적인 너무나 인간적인 ■

어떤 마음으로 살아가야 할지
알 수 없을 때

━━ 불안함을 느낀다. 어떤 각오, 어떤 마음, 어떤 모습으로 살아가야 할지 눈앞이 캄캄하다. 만약 지금 당신이 이와 같다 면, 지금껏 당신이 진심으로 신뢰를 보내온 사람을 생생히 떠 올려보라. 그들이야말로 당신 안의 고매함이며, 그들이 보여주 는 인간으로서의 자세야말로 당신이 가까이 다가가야 할 모습 이기 때문이다.

생성의 무죄 ■

036

강함과 냉혹함은
다르다

━━ 태도나 말투, 행동 하나하나가 너무도 강인한 인상을 풍기는 자들이 있다. 그러나 그것은 우리 멋대로 강하다고 느끼는 것일 수 있다. 사실 그 태도, 말투, 행위, 사람은 그저 냉혹한 것인지도 모른다.

생성의 무죄 ■

037
교활한 자의
본질

━━ 교활한 사람, 비겁한 사람은 간혹 본질을 파악하기 어려운 사람으로 포장되기도 한다. 때로는 이해가 되지 않는다는 이유만으로 심오한 내면을 지닌 사람으로 간주되기도 한다. 그러나 그들은 결코 복잡하거나 심오한 내면을 가진 사람이 아니다. 언제나 눈앞의 이익만을 생각한다는 의미에서 실은 너무도 단순한 인간에 지나지 않는다.

생성의 무죄 ■

038
타인을 도울 때의 심리

━━ 누군가를 도울 때, 우리는 곧잘 그들이 저보다 낮은 계층, 약하고 미숙한 부류의 사람이라고 전제하는 듯하다. 병든 사람, 금전적 도움 없이는 생계 유지가 힘든 사람, 지원이 있어야만 만족스러운 생활을 누릴 수 있는 예술가, 아직 성숙하지 않은 어린이…… 어떤 형태로든 도움을 줘야만 하는 약한 사람이라 여긴다. 분명한 것은 누가 더 나은지 못한지의 진위 여부를 떠나, 사람이 저와 비등한 힘과 재력, 능력을 가진 누군가를 돕는다는 것은 심리적으로 불가능해 보인다는 사실이다.

생성의 무죄 ▨

자기 일에 열중하는
친구를 사귀어라

━ 친구를 사귈 때에는 자기 일에 열중하는 친구를 사귀어라. 일에 충실하고 책임을 다하는 자는 건강한 인격을 지녔을 확률도 크다. 또한 일을 좋아한다는 것은 요령을 빨리 습득하는 재능과 높은 집중력을 가지고 있다는 뜻이기도 하다. 그런 사람은 주위의 신뢰를 받는 법이다.

반면 일에 몰두하지 못하고 게으름만 피우는 자는 좋은 사람, 좋은 친구가 되기 어렵다. 큰소리만 치면서 이 일 저 일 집적대는 사람도 마찬가지다. 그 같은 사람은 온갖 망상을 사실처럼 퍼뜨리고 다른 이의 험담을 늘어놓기 일쑤다. 심할 때는 타인의 문제까지 당연한 듯 참견하는 말썽꾼이다.

인간적인 너무나 인간적인 ■

친구를 위한
침묵

━━ 타인 앞에서는 소중한 친구에 대해 이것저것 설명하거나 너무 많은 이야기를 하지 않는 것이 좋다. 우정은 말로는 도저히 표현할 수 없는 것이기에 그것을 어떻게든 말로 설명하려고 하면 아무래도 본질을 벗어나는 법이다. 그러다 보면 자신의 입으로 나온 말을 자신의 귀로 듣고, 자신의 우정에 의심을 품을 수도 있다.

인간적인 너무나 인간적인 ▨

친구에 대한
동정의 깊이

━━ 진심으로 신뢰하던 친구가 너무도 부끄러운 일을 저질렀다는 사실을 알게 되면 우리의 마음은 어떨까. 엄청난 좌절과 고통이 엄습할 것이다. 때로는 자신이 저지른 것보다 훨씬 강한 고통과 슬픔으로 아파할 것이다. 왜일까. 아마도 친구에 대한 신뢰와 동정에는 짙은 순수가 내포되어 있기 때문일 것이다. 이는 조금도 이기적이지 않다. 인간 존재 그 자체에 대한 사랑의 시선이며, 그것이 친구의 수치스러운 행동에 감응하는 것이다. 그렇기에 친구에 대한 연민은 일반적인 연민의 감정보다 훨씬 고통스럽다.

인간적인 너무나 인간적인 ■

042

한결같은 환대는
불신의 다른 얼굴이다

━━ 언제 찾아가더라도 늘 융숭한 대접으로 당신을 환영하는 사람이 있다. 그러한 환대는 당신의 기분을 들뜨게 하고, 상대가 좋은 사람이라는 인상을 심어준다. 그러나 이러한 환대는 아직은 마음을 놓아서는 안 된다는 적신호일지 모른다. 무조건적인 환대란 상대편의 적의를 마비시키기 위한 경계 수단이 되기도 하므로. 당신을 진심으로 신뢰한다면 과장된 환대는 필요치 않다. 완전한 친구로 받아들이고 안심함으로써 경계할 필요성을 느끼지 못하기 때문이다.

아침놀 ■

043
자신 안의 악과
마주하라

━━ 노련한 숲지기는 숲속을 헤치고 들어가 생태를 관찰하고, 나무를 솎고, 병든 나무를 베어낸다. 그렇게 가꾼 숲은 생기가 넘쳐흐르며 대지를 따뜻하게 만든다. 숲을 가꾸듯, 우리 또한 내면의 악에 감각을 기울여야 한다. 악을 못 본 척하거나 처음부터 악 따위는 없었던 듯 행동하지 않는다. 악을 정면으로 바라보고 정성을 다해 다룬다. 인간으로서 더욱 크고 강건하게 성장하기 위해 자신 안에 자리한 악과 온전히 마주해야 한다.

생성의 무죄 ■

044

사랑받는
강한 자

━━ 강한 자가 되어라. 사랑받는 강한 자가 되어라. 진정 강한 자는 적의 실패를 관대하게 눈감아준다. 나아가 적의 승리를 겸허히 인정하고 찬미한다.

생성의 무죄 ▓

045

증오의
대상

━━ 어떤 이를 증오하는가.

상대를 용서할 줄 모르는 무리를 증오한다.

생성의 무죄 ■

046

속박을
기다리는 사람

━━ 구원의 손길을 내밀어줄 누군가를 기다리고 있는가. 끝없는 의존성으로 말미암아, 분쟁과 문제를 더는 혼자 힘으로 해결할 수 없는 지경까지 이르자 모든 것을 단번에 처리해줄 이를 기다리고 있는가. 실은 구제해줄 이를 기다리는 것이 아니다. 이러한 자들이 진심으로 손꼽아 기다리는 것은 옴짝달싹 못하게 자신을 속박해줄 사람이다. 채찍을 든 맹수조련사처럼 먹이를 주면서 능숙하게 조련해줄 바로 그런 지배자이다.

생성의 무죄 ▧

047
고도의 능력자는
대중의 이해를 받지 못한다

━━ 탁월한 두각을 드러내는 자, 걸출한 재능을 가진 자, 시대를 앞서 가는 자가 있다. 이러한 자들은 대중으로부터 자신의 생각이나 의견, 행위, 행동을 전혀 이해받을 수 없다. 왜냐하면 사람은 자신의 능력을 훨씬 뛰어넘는 일에 대해서 이해는커녕 상상조차 할 수 없으므로. 그 때문에 고도의 능력을 가진 자는 때때로 괴짜 혹은 별난 사람으로 보인다. 심지어 대중의 눈에 아예 띄지 않는 경우도 있다.

생성의 무죄 ■

048

헌신이라
부를 수 있는 것

■ 자선이나 도덕적 행동만이 헌신은 아니다. 사람이 진심으로 남을 배려하는 마음으로 신중하게 옮기는 모든 행동을 헌신이라 불러야 하지 않을까.

인간적인 너무나 인간적인 ■

049

즐길 수 없는 자가
쾌락을 추구한다

━━ 무슨 일에든 열중하지 못하고 노는 것에만 정신이 팔린 사람은 쾌락만을 탐닉하는 듯 보인다. 쾌락에 젖어 더 큰 자극을, 더 큰 환락을 추구하는 타락한 이로 보인다. 그러나 그는 무슨 일을 해도 진정으로 즐겁지 않으며, 조금의 재미도 느낄 수 없기에 끊임없이 쾌락을 갈구하는지 모른다. 달리 말해 그 사람은 진정 즐거운 일을 아직 만나지도, 발견하지도 못한 것이다.

인간적인 너무나 인간적인 ■

독창적인
사람이란

▬ 독창적인 사람이란 신기하거나 괴이한 것을 만들어내는 사람이 아니다. 모두가 질려버린 것, 낡았다는 이유로 진작 버려진 것, 너무 평범해서 누구도 눈길을 주지 않는 것을 마치 미래에서 찾아온, 한 번도 본 적 없는 새로운 것을 탐구하듯 바라보는 눈과 뇌와 감성을 가진 사람이다.

인간적인 너무나 인간적인 ▨

051

천재적 능력의
본질

━━ 우리가 천재적 능력이라 부르는 것은 무엇인가? 혈관에서 문득 솟아오르는 것인가? 자연이 변덕을 부려 낳은 특수한 인간의 기지를 말하는가? 아니다. 일종의 의지, 일종의 행동. 즉 높은 목표를 갈망하고 그곳에 도달하는 방법을 끊임없이 갈구하는 것이 바로 천재적 능력이다.

인간적인 너무나 인간적인 ■

052

타인의 불행을
기뻐하는 심리

▬ 타인의 불행을 기뻐하는 자들은 일이 의지대로 되지 않는 것에 대한 불만, 무력하다는 고통, 충실감이 결여된 데 대한 비관 등 갖가지 불평과 울분을 마음속에 감추고 있다. 그들은 타인의 불행을 보면서 평소 가지고 있던 시샘과 질투를 누그러뜨린다. 타인의 온갖 불행과 실패를 빠짐없이 기억해두고, 그 사람보다는 더 나은 상황이기에 자신이 더 행복하다고 위안 삼는다. 늘 아래만 바라보며 누군가의 불운이나 불행, 약점을 찾는다. 그렇기에 그들의 기쁨과 슬픔은 비뚤어져 있다. 전적으로 타인과의 비교를 통해 내려진 판단이기에.

인간적인 너무나 인간적인 ▩

동질감을
느끼는 순간

━━ 처지, 신분, 성격이 아무리 다른 두 사람일지라도, 같은 고통을 함께 체험한다면 둘은 거의 흡사한 사람이 된다. 가령 등산을 떠올려보자. 수고와 피로, 가쁜 숨, 갈증, 땀, 고통, 그리고 같은 전망을 공유한다. 그로 인해 둘은 같은 인간이라는 동질감을 온몸으로 느끼게 된다.

인간적인 너무나 인간적인 ▨

젊은이를
파멸시키는 독약

━━ 자신과 전혀 다른 생각을 하는 사람보다는 자신과 같은 생각을 하는 사람을 더 존중하라고 젊은이에게 가르친다면, 그들은 분명 제멋대로의 불행한 인생을 살게 될 것이다. 같은 맥락에서 무리 짓는 것, 기대는 것, 상대에게 맞추는 것이 중요한 가치라고 가르친다면 그는 곧바로 자기 자신을 잃고 형편없는 사람으로 전락할 것이다.

아침놀 ■

동물의
일갈

━ 말을 할 줄 아는 동물이 말했다. "거참, 인간들은 대체 뭘 하는 건지. 그저 솔직하게 하루하루 살아가면 될 것을 이러쿵 저러쿵 늘 괴로운 표정만 짓고 있잖아. 인간성이네, 도덕성이 네 지껄이면서 대체 뭐하는 거야. 먹을 수도 없는 걸 두고. 아 니, 먹을 수 있다 해도 분명 고약한 맛일 거야. 인간들은 인간 성이네, 도덕성이네 하는 말을 들을 때마다 괴로운 표정을 짓 거든."

아침놀 ■

불행한
짐승

━━ 동물은 인간이 자신과 별반 다르지 않은 동종의 생명체라고 여길 것이다. 그리고 인간이라는 나약한 동물을, 위태로울 정도로 선을 넘고 광기 어리며 지조 없이 울다가 웃는 불행한 짐승이라 여길 것이다.

즐거운 지식 ■

057

고귀한 인간을
만드는 것

━━ 누구나 인정할 정도로 뛰어난 감성, 섬세한 감수성을 지닌 고귀한 이가 더러 있다. 그는 어떻게 그런 사람이 되었을까. 본디 그런 사람이었을까? 아니면 다른 이보다 훨씬 뛰어난 감성이 그런 사람을 만든 것일까? 아니다. 그는 그 뛰어난 감성을 끊임없는 노력으로 갈고 닦음으로써 지금에 이르렀다.

선악을 넘어서 ■

재능을 아낌없이
발휘하기 위해서

▬ 천부적인 재능을 가진 사람은, 그 재능만으로는 평탄한 길에 비쭉 튀어나온 바윗돌 같은 존재에 지나지 않는다. 그가 자신의 재능을 아낌없이 발휘하기 위해서는 두 가지를 겸비해야 한다. 바로 감사하는 마음과 인간으로서의 순수성이다.

선악을 넘어서 ■

059

상냥함에 대한
불신

━━ 사람들은 익살맞고 친근한 광대의 재주를 보며 박장대소하고 긴장과 스트레스를 푼다. 단, 그렇다고 하여 그 광대를 진정 사람 좋은 이의 얼굴이라 생각하는 것은 아니다. 웃음 띤 광대의 얼굴에서 무언가 안팎이 다른 속내를 감지하기 때문이다. 마찬가지로, 상냥하고 붙임성 좋은 사람에게도 우리는 어느 정도의 불신을 안고 있다. 무조건적으로 상대의 비위를 맞추려는 마음 이면에는, 사람을 업신여기는 마음이 전제되어 있음을 직감하기 때문이다.

선악을 넘어서 ■

060

실체는
가려져 있다

━━ 누군가의 인격 그 자체, 혹은 날것 그대로의 모습을 적나라하게 들여다볼 수 있는 경우는 드물다. 왜냐하면 업무나 인간관계, 직위와 입장, 능력과 재능 등으로 그 사람의 알맹이가 마치 짙게 화장한 듯 가려져 있기 때문이다. 그렇기 때문에 일도 지위도 능력도 소용없어졌을 때, 실제로 그가 어떤 인간인지 비로소 많은 이들의 눈에 드러나게 된다.

선악을 넘어서 ■

061

타인의 어떤 면을
볼 것인가

━━ 타인의 약점과 속임수를 재빨리 알아챈다. 누군가의 비겁함, 야비함이 곧잘 눈에 들어오며 사람의 언행에는 모종의 의도나 꿍꿍이가 있다고 생각한다. 반대로 사람 안에 있는 인간적인 위대함을 순순히 알아차린다. 타인의 훌륭함에 자연스럽게 감흥하고, 타인의 허물에 민감하기보다는 어느 정도의 결점은 애교라 여기며 포용한다. 그대는 어디에 속하는 사람인가. 혹은 무엇을 보는 사람이 될 것인가.

선악을 넘어서 ■

062

약속한다는 것

━━ 우리는 약속을 한다. 약속의 내용을 말로 표현한다. 그러나 사실 말은 부질없다. 진정 약속한다는 것은 자신이라는 온전한 인간과 상대라는 온전한 인간이 뒤섞이는 일이기에.

아침놀 ■

063

이런 자를
멀리하라

━━ 사람을 사귈 때는 뻔뻔할 정도로 유들유들한 자, 늘상 침
착하고 동요라곤 전혀 없는 자, 여러 가지 차선책을 모색해두
는 자, 사람을 원망해본 적이 없는 자, 약삭빠른 자를 배제하
라. 그리고 옹졸한 자들은 특히 위험하다. 무언가 성가신 일이
나 다툼이 생기면 그들은 금세 극단으로 치달으니까. 사소한
충돌, 오해, 갈등을 원만하게 해결하거나 적절하게 되돌려주고
마무리하는 방법을 그들은 모른다. 일단 증오하면 멈출 수 없
고 상대를 파멸시킬 방법에만 몰두한다. 그러므로 그 같은 자
들은 과하다 싶을 만큼 조심하고 멀리하는 것이 현명하다.

아침놀 ■

064
가치 없는
비판과 험담

━━ "그 녀석은 진짜 사람에 대한 이해가 없어."

"아니, 그냥 눈치도 없고 물정도 모르는 거야."

"그렇지만 그 녀석, 세상은 지나치다 싶을 정도로 잘 알고 있어. 단지 사람만 모르는 거야. 그 주변에 널려 있는 평범한 사람들의 세상은 잘 알지만, 그 이상은 쥐뿔도 모른다고."

이렇듯 타인에 대한 비판과 험담은 껍데기만 있을 뿐 사실이라는 알맹이가 없다. 그리고 비판을 입에 담는 무리는 같은 입으로 자신이 감춰온 모습이나 속내까지도 곧잘 드러내버린다.

아침놀 ■

호언장담하는
사람치고

━━ 인류에 대한 자신의 대의가 어떻다든지, 국가나 시민 생활의 의의가 어떻다든지 하며 떠들어대는 이들이 있다. 그러나 그처럼 큰 사안을 진지하게 즐겨 떠드는 자들일수록 작은 계약이나 규범, 일반적인 약속은 지키지 않는 경우가 허다하다. 제대로 된 시민이라면 누구나 준수하는 일도 몰염치하게 무시해 버린다.

인간적인 너무나 인간적인 ■

가끔은
고독을 청하라

━━ 사회적 필요에 의해 수많은 사람과 어울려 지내다 보면 인간관계 자체가 점점 번거로운 만남으로 전락해버린다. 그럴 때는 잠시 동안 누구도 만나지 않고 고독의 시간을 보내는 것이 좋다. 그런 후에 다시 만나는 사람들의 온기는 뜻밖의 반가움과 설렘, 활력을 선사할 것이다.

인간적인 너무나 인간적인 ▨

천재는
기적의 결과물이 아니다

━━ 평범한 사람은 스스로를 평범하다고 생각지 않는다. 자신이 평균 이하라고는 결코 생각하지 않을뿐더러 어떤 분야에서는 꽤 우수한 편이라고 자부한다. 그러나 그런 그들도 역사적으로 위대한 천재에 대해서는 티끌만큼도 질투하지 않는다. 왜냐하면 천재는 일종의 기적이 구현된 것이라고 생각하기 때문이다. 즉 초인적인 존재라 여긴다. 괴테가 "그것이 별이라면 사람들은 갖고 싶어 하지 않는다."고 말한 것처럼. 그러나 실제로 모든 천재는 맹렬하고 꾸준한 노력을 통해 작품을 창조해낼 뿐이다. 거기에 기적과 같은 일은 일어나지 않는다. 그 당연한 일을 평범한 사람들은 상상조차 할 수 없다.

인간적인 너무나 인간적인 ■

꿈꾸는 모습으로
빚어나갈 수 있다

━━ 은연중에 스스로를 마치 단단한 돌처럼 형태가 굳은 존재로 여기고 있지는 않은가. '개인의 고유한 특성은 이미 형성되었고 이제부터는 외모만 어느 정도 변하겠지.' 하며 각오하고 있지는 않은가. 그처럼 생각하면 정말 그와 같이 될 것이다.

그러나 나이가 몇 살이든 사람은 무한히 변할 수 있다. 그릇을 빚듯이 자신이 꿈꾸는 모습 그대로 스스로를 빚어나갈 수 있다. 진정 바란다면, 그렇게 되고자 하는 의지만 있다면 어떻게든 변모하여 더 높이 올라갈 수 있다.

생성의 무죄 ▧

Selbstheit

III

—

자신에 대하여

Selbstheit

069

자신을 능가하는
목표를 지녀라

━━ 각자 나름의 인생 목표를 세웠을 것이다. 그 목표는 어떠한 목표인가. 조금만 노력하면 금세 손에 닿을 듯한 목표인가, 아니면 판타지로 가득 찬 아득히 먼 목표인가. 혹은 누군가의 목표를 흉내 낸 목표인가. 그것이 어떤 것이든, 그 목표는 당신 자신을 뛰어넘는 곳에 있어야 한다. 그것도 과거의 인물들이 남긴 길과는 아득히 먼 끝에.

생성의 무죄 ■

자신을
드러내라

━━ 자신의 가치관과 주장을 똑바로 말하라. 신조를 혹은 자신의 의지나 의욕을 명명백백히, 부끄러워하지 말고 한 치의 숨김도 없이 누구나 다 알 수 있게 말하라. 겁쟁이, 비겁한 자, 무력한 자, 기회주의자, 남 흉내밖에 못 내는 자, 정체를 알 수 없는 자, 제 생각이 확고하지 않은 자들은 그조차 할 수 없기 때문이다.

생성의 무죄 ■

071

결점이라는 이름의
스승

━━ 누구나 저마다의 결점과 약점을 가지고 있다. 그리고 대다수의 사람은 자신의 결점과 약점을 혐오하고 외면하기에 급급하다. 행여나 다른 사람에게 들키지 않을까 가슴 졸인다. 그러나 사실 결점과 약점은 가장 좋은 스승이 될 수도 있다. 그것은 내가 무엇을 극복해야 하는지, 어떤 점을 고쳐야 하는지, 또한 나의 장점은 무엇인지, 어떤 개성을 가졌는지를 조용히 귀띔하며 일깨워주기 때문이다.

생성의 무죄 ■

072

모든 체험은
이어져 있다

━━ 과거에 있었던 특별하고도 멋진 체험 혹은 더없는 행복을 느꼈던 순간을 다시 한 번 맛보길 원한다면, 지금까지의 경험이 빠짐없이 재현되기를 바라는 수밖에 없다. 그 특별했던 순간은 우연히 혹은 운명처럼 거기에 놓여 있었던 게 아니다. 과거부터 해당 시점에 이르기까지의 모든 상황과 경험이 견고하게 연결되어 비로소 그 순간이 도래한 것이다.

생성의 무죄 ▨

군중 속에서
개인의 존재는 사라진다

━━ 사람은 누구나 스스로 이해하고 판단할 능력이 있다고 여
긴다. 자신에게는 자신만의 생각이 있고, 타인 또한 그만의 생
각과 판단력이 있다고 믿는다. 그러나 대중 속에 섞여 있으면,
혹은 커다란 조직의 일원이 되어버리면 어느 사이엔가 개인의
이해력과 판단력은 휘발된다. 그리고 그 집단을 대변하는 사고
방식과 판단에 완전히 물들어 버린다.

생성의 무죄 ■

불안한 자는
사랑받길 갈구한다

━━ 누군가를 적극적으로 사랑하기보다는, 사랑받길 원하는 사람이 있다. 그러한 자가 타인으로부터 사랑받길 원하는 근본적인 이유는 스스로를 온전히 믿지 못하기 때문이다. 이대로 정말 괜찮은지, 현재의 자신에 대해 강한 불안을 지니고 있기 때문이다. 누군가에게 사랑받음으로써 이대로 괜찮다는 안도감을 조금이라도 얻고자 하기 때문이다.

생성의 무죄 ■

075

최고의
싸움 기술

━━ 매서운 기세로 공격해오는 적의 모습을 또렷이 직시하면, 적을 무너뜨릴 싸움의 기술을 발견할 수 있다. 적은 당신의 기세를 꺾고 자신감을 무너뜨리기 위해 이렇게 내뱉는다. "그런 건 전혀 효과가 없어. 웃음거리가 될 뿐이야. 넌 아무런 가치도 없잖아. 넌 어떤 도움도 되질 못해." 그러나 그에 대한 당신의 반응이 의연하면 할수록 적은 조바심을 낼 것이다. 점점 더 초조해하며, 자신을 높이 쌓아올리기는커녕 급기야 불안의 바닥으로 떨어지길 자초할 것이다. 그렇기에 이때는 적이 도저히 가지지 못하는 것을 무기로 싸워야 한다. 다시 말해 자신을 높이 쌓아올려 이 시대에 전혀 알려지지 않은 새로운 가치를 창조함으로써 적을 괴멸해야 한다.

생성의 무죄 ■

076

아직
더 멀리 갈 수 있다

━━ 우리가 가진 능력 전부를 우리는 알지 못한다. 우리는 이상을 품고 그것을 향해 가고 있으나, 그 이상이 있는 곳 또한 우리의 한계지점은 아니다. 우리의 능력은 상상 이상으로 크며, 우리는 아직 멀리 갈 수 있다. 이상을 넘어, 더 큰 동경의 대지보다도 멀리 도달할 힘이 우리 안에 숨어 있다.

생성의 무죄 ■

077

일상의 행동이
나라는 사람을 만든다

━━ 일상의 행동 하나하나가 자신을 새롭게 만들고 변화를 유발한다. 무엇을 하고 무엇을 하지 않는가, 무엇을 믿고 무엇을 두려워하며 무엇을 경멸하는가, 어떤 선택을 하며 어떤 감정을 품는가. 이러한 일상의 행동이, 삶의 방식이 나를 만들고 끊임없이 개조한다. 마음과 인간성뿐 아니라 육체마저도 변화시킨다. 현재의 나는 그 결과이며 내일의 나는 지금부터 행하는 하나하나의 행동으로 만들어진다.

생성의 무죄 ■

망가진 곳에서
새로운 자신을 보다

━━ 능력 있는 사람이 자신의 재능만을 믿고 오로지 그것에만 기댄다면, 딱 그만큼의 수준에 머무를 수밖에 없다. 결코 그 이상의 능력을 끌어올릴 수는 없는 것이다. 그러나 그가 자기 안에 숨겨진 미숙함과 결함, 불완전함, 일종의 무책임함 등을 자각하고 직시한다면, 그 망가진 곳을 통해 새로운 자신을 보게 될 것이다. 그리고 그것에 다가가기 위한 자기 변혁을 시작하게 된다.

인간적인 너무나 인간적인 ■

079

탈피를
거듭하라

━━ 차라리 죽음을 택하고 싶을 만큼 번민하고 고뇌하며 고난을 뛰어넘은 자는, 과거의 자신으로부터 완전히 탈피한다. 새로운 빛과 어둠을 체험함으로써 전혀 다른 자신으로 변모한다. 그런 후에는 주변 사람들이 오래된 유령처럼 보이는 법이다. 지인들의 목소리는 전혀 현실감이 없으며 마치 희미한 그림자의 목소리처럼 들린다. 심지어 시야가 극히 좁은, 풋내 나는 미숙한 영혼으로 느껴지기도 한다. 말하자면 자기 극복을 치열하게 거듭하는 자일수록 더 많이, 더 격렬히 성장하고 변화한다.

인간적인 너무나 인간적인 ■

벌거벗은
자신을 보라

━━ 사람들은 실로 많은 것을 갖고 있다. 아니, 많은 것을 갖고 있다고 '생각'한다. 그것들이 자신의 소유라고 진심으로 믿기에 그것들과 자신의 경계조차 모호하다. 지금 그 모든 것을 도둑맞았다고 상상해보자. 집과 땅, 돈, 가족과 친구들, 직함, 일, 명예…… 이 모든 것을 빼앗겼다고. 그러면 무엇이 남는가. 누구도 빼앗을 수 없는 나, 오로지 자신만이 남는다. 감성, 능력, 의욕, 희망, 얼마든지 있다. 어떠한가. 모든 것이 없어졌다고 생각했지만 오히려 풍요로워진 것 같지 않은가. 바로 이것이 우리가 일궈나가야 할 비옥한 토양이다.

인간적인 너무나 인간적인 ■

081

사실의 색깔은
마음에 달려 있다

━━ 하나의 사실이 있고, 그에 직면한 당신이 있다. 이윽고 당신이 어떻게 생각하느냐에 따라 그 사실은 비로소 가치와 색채를 띤다. 다시 말해 나쁘게 생각하면 사태는 나빠진다. 그리고 나빠진 사태를 개선하는 것은 쉽지 않다. 대처하는 자신이 그것을 나쁘게 생각해버리는 한. 물론 반대 또한 성립한다. 어떤 사실을 좋게 바라본다면 그것은 무척 다루기 쉬운 일이 된다.

아침놀 ■

자신을 위한
정원사

━━ 나무와 울타리를 손질하는 정원사를 보라. 나뭇잎을 솎아 햇빛이 고루 닿을 수 있도록 손질한다. 웃자란 새잎을 깔끔하게 잘라내고 원하는 모양대로 다듬는다. 이렇게 정성 들여 손질한 나무는 건강하고 훌륭하게 자라나 꽃을 피우고 풍성한 열매를 맺는다. 우리 또한 스스로의 정원사가 될 수 있다. 자기 안에 끓어오르는 충동을 아무런 제약 없이 처리할 수 있다. 섬광 같은 분노, 넘쳐흐르는 감정, 비열한 생각, 허영심을 날카로운 가위로 잘라낼 수 있다. 그 누구에게도 방해받지 않은 채 온전히 자유롭게.

아침놀 ■

자신에 대한
기쁨

━━ 한 사람이 "이 일이 최고로 재미있어."라고 말한다. 다른 사람은 "뭐니 뭐니 해도 카약을 타고 급류를 즐기는 게 최고지."라고 말한다. 누군가는 "차(茶)의 깊은 맛을 보고 나면 누구든 헤어 나오지 못할걸."이라고 말하고, 또 다른 이는 "달리고 있으면 몸이 얼마나 좋아하는데."라고 말한다. "예전에는 집안일 따위 별것 아니라고 생각했는데 이렇게 재미있고 어려운 일은 없다니까."라고 말하는 이도 있다. 모두가, 자신이 하는 일이 재미있고 즐겁다고 생각한다. 그러나 실은 일 자체가 흥미롭기보다는 그 일에 열중하고 있는 자기 자신이 기쁜 것이다.

인간적인 너무나 인간적인 ◼

084

내 안의 문제와
대면하라

━━ 세상과 타인에 대한 불만으로 가득 차 있는가. 그렇다면 스스로를 차분히 돌아보자. 어떠한가. 본인의 모습은 만족스러운가. 실은 자신이 미덥지 못하기에 세상이 불만족스러운 것이다. 그저 그 불만을 직시하지 않고 어물쩍 타인이나 세상 탓으로 돌리고 있을 뿐이다. 그렇게 자신에게는 책임이 없다고 생각하고 싶은 것이다. 그러나 계속 그리 살다 보면 세상과 타인에 대한 비뚤어진 원망만을 끌어안은 채 평생을 보낼 수밖에 없다. 그러므로 당장의 불만은 잠시 제쳐두고 우선은 자신 안의 문제와 대면해보라. 그리고 대처하라. 완벽하지 않아도 좋다. 일단 자기 나름의 대처를 하다 보면 그럭저럭 문제도 해결되는 법이다. 그와 동시에 타인과 세상에 대한 불만 역시 자연스럽게 사그라들 것이다.

인간적인 너무나 인간적인 ■

085

이상에 대한 길이
도덕이 된다

━━ 자신만의 이상을 품는다. 나아가 그 이상에 이르는 길을 젊은 시절 일찍이 찾아둔다. 그로써 자연히 자신을 다스릴 수 있게 되며, 저만의 도덕과 신념을 쌓아올림으로써 충실한 삶을 살아갈 수 있다.

선악을 넘어서 ■

자기 자신에 대한
망설임

━━ 있는 그대로의 나를 타인에게 내보이는 것, 숨김없이 자신을 드러내는 것, 자기 생각이나 감정을 그대로 표출하는 것은 그리 어렵지 않다. 자기 자신에게 당당하며 거짓이 없기보다는.

생성의 무죄 ▨

087
공정하기 위한
고독

━━ 공정하다는 것은, 무엇과도 누구와도 일정한 거리를 두고 그것을 유지해나가는 것이다. 친한 지인과도, 꺼리는 사람과도, 사랑했던 사람과도, 나아가서는 자기 자신과도. 그렇기에 공정한 이의 모습은 고독해 보이는지도 모른다.

생성의 무죄 ■

자유의
증거

━ 많은 이들이 자유를 염원한다. 자유만 있다면 자신의 능력을 마음껏, 최대한 발휘할 수 있을 것이라 생각한다. 그래서 지금, 당신은 자유로운가? 자유로움의 증거가 무엇이라고 생각하는가? 스스로에 대해 한 점 부끄러움이 없다는 것, 그것이 바로 자유로움의 증거다.

즐거운 지식 ■

089

허세는
자신마저 속인다

━━ 허영심이 강한 사람, 한 마디로 허세를 부리는 사람은 자신이 타인보다 잘나 보이는 것 외에는 관심이 없다. 내용이나 실질은 전혀 괘념치 않는다. 그저 타인의 눈에 잘나 보이기만 하면 그뿐이라 생각한다. 다시 말해 착각을 불러일으키는 것에만 신경을 쓴다. 그것에 정신이 팔린 나머지 자신마저 속이고 있다는 사실을 알아차리지 못한다.

인간적인 너무나 인간적인 ■

090

흔해 빠진 의견만
나오는 이유

━━ 누군가가 갑작스럽게 의견을 물어오면 대부분이 틀에 박힌 답을 한다. 웬일인지 그럴 때는 평소 생각하고 있던 것조차 떠오르지 않는다. 우리는 망각의 동물일까. 아니면 사회 안에서의 자신과 진정한 자신을 자연스럽게 분리해 사용하고 있는 것일까. 아니면 누구나 얇은 가면을 쓰고 연극 같은 삶을 사는 것일까. 그도 아니면 그저 솔직하지 못한 것뿐일까.

인간적인 너무나 인간적인 ▨

091

자신을 소홀히
여기지 마라

━━ 무엇을 하든 전심과 전력을 다해야 한다. 이는 수긍할 만한 좋은 결과를 내기 위함이 아니라 자기 자신을 소홀히 대하지 않기 위함이다. 전력을 쏟지 않고 얕은꾀를 부리는 것, 적당한 선에서 물러나 방관하는 것은 결국 스스로를 바보 취급하는 것과 다름없다. 그렇게 되면 자신이 하는 일에 가치도, 의미도 부여할 수 없게 된다. 자신을 서서히 죽이는 것과 같다.

우상의 황혼 ▧

092

책을
쓴다는 것

━━ 책을 쓴다는 것은 무엇을 가르치기 위함이 아니다. 독자보다 우위에 있음을 과시하기 위함도 아니다. 책을 쓴다는 것은 무언가를 통해 자기를 극복했다는 일종의 증거다. 낡은 자기를 뛰어넘어 새로운 인간으로 탈피했다는 증거다. 나아가 같은 인간으로서 자기 극복을 이룬 본보기를 제시함으로써 누군가를 격려하고자 함이요, 겸허히 독자의 인생에 보탬이 되려는 봉사이기도 하다.

인간적인 너무나 인간적인 ■

내 안의 야생을
풀어놓자

━━ 의기소침해 있는가? 지쳤는가? 그렇다면 잠시 멈춰보자. 머릿속을 비우려고 애써보자. 그런 후에 몸을 움직여보자. 본능에 충실한 동물처럼 마음껏 움직인다. 살갗으로 만지고, 바람과 물을 몸으로 느끼고, 근육이 달아오를 때까지 걷고, 마음껏 소리치고, 햇볕을 쬐고, 밤의 냉기를 맛보고, 풀꽃의 향기를 맡고, 먹고 마시고 기분 좋게 눈꺼풀을 닫아보자. 지금 당신은 이제껏 가둬두었던 당신 안의 야생을 들판에 풀어놓았다. 이제 그것은 분명 당신을 회복시키고 새로운 에너지를 불어넣을 것이다.

우상의 황혼 ■

094

찬란히 빛나는
당신만의 한여름을

━━ 당신은 당신의 한여름을 간직하고 있는가. 아니면 당신의 한여름이 오기를 간절히 바라고 있는가. 저 높은 산봉우리에 찾아올 것 같은 여름. 정상이 보이지 않을 정도로 높은 산들만이 맞이할 것 같은 절정의 한여름. 눈과 독수리, 그리고 죽음만이 아는 산 정상에 우뚝 솟은 찬란하게 빛나는 한여름을 꿈꾸고 있는가.

생성의 무죄 ■

Liebe&Schönheit

IV

사랑과
아름다움에 대하여

Liebe
&
Schönheit

━━ 다만 사랑만이 구원할 수 있다. 사랑만이 굽은 것을 펴고,
회복하고, 조정하고, 일으켜 세울 수 있다. 진정한 창조력을 갖
춘 사랑이야말로 완벽한 구원자다.

생성의 무죄 ▇

096.

지나친 사랑은
위험하다

━━ 사랑은 격정적일수록 좋은 것도, 순수한 것도 아니다. 특정한 누군가에 대한 열렬한 사랑은 강한 편견과 이기로 한껏 부풀어 있다. 그 편견은, 오직 그 사람만이 끓어오르는 이 열정에 답할 수 있으며 그만이 사랑의 감옥에서 나를 구할 수 있다는 굳은 신념과 광신이다. 그렇기에 이 사랑은 상대가 돌아보지 않으면 절망적인 고뇌와 상심에 빠진다.

아이러니한 것은 설사 상대가 돌아봐 주었다 해도 갈증은 풀리지 않는다는 사실이다. 도리어 환멸과 끝없는 욕구불만이 기다리고 있다. 이유는, 상대가 현실적으로 안겨주는 사랑보다 자신의 격정이 기대하는 광신적인 요구가 비현실적으로 거대하기 때문이다.

생성의 무죄 ■

097

사랑에 의해
행해지는 것은

━━ 사랑에 의한 모든 행동은 도덕적이라 할 수 없다. 오히려
종교적이다.

생성의 무죄 ■

098

사랑이라는 이름의
다리

━━ 누군가가 자신과는 전혀 다른 방식으로 살고, 다르게 느끼는 것을 기쁘게 받아들이는 마음이 사랑이다. 사랑은 두 사람의 차이에 놓이는 보이지 않는 다리이기에. 그리고 내 안에 존재하는 결점과 단점 혹은 외면하고 싶은 어두운 구석에 놓는 다리는 자기애다. 이것이 바로 '사람을 사랑하는 일'이다.

인간적인 너무나 인간적인 ■

099

사랑은
선악의 피안에 있다

━━ 무엇이 선이고 무엇이 악인가를 생각하고 판단하는 것은 머리에서 이루어진다. 그러나 사랑은 머리가 아닌 몸의 일이다. 그렇기에 사랑이 행하는 것은 선악의 범주에서 판단할 수 없다. 사랑은 선악 이전의, 인간 본연의 감각에서 나오는 것이기 때문이다. 즉 모든 사랑의 행위는 선악의 피안에 있다.

선악을 넘어서 ■

100

사랑은
사람 안의 보석을 찾아낸다

━━ 진정한 사랑을 받는 이는 조금씩, 그러나 분명히 성장한
다. 사랑받음으로써, 사랑의 숨은 힘이 그 사람 안에 이제껏 깊
이 잠들어 있던 누구도 알아채지 못한 장점을 깨운다. 일종의
인간적인 존엄함, 인간의 빛이 드디어 얼굴을 내민다. 사랑은
그야말로 사람 안의 보석을 찾아내는 힘을 가지고 있다.

선악을 넘어서 ■

자신의 욕망만을
사랑하는 마음

━━ 타는 듯한 격정으로 간절히 원하던 것도, 막상 손에 넣고 나면 그 열정과 흥미가 식어버린다. 그러고는 다시금 다른 닮은 것을 원한다. 거기에 사랑하는 마음이 존재하는가. 물론이다. 자신의 욕망만을 사랑해 마지않는 마음이 존재한다.

선악을 넘어서 ■

사랑하는 자와
사랑받고자 하는 자

━━ 사랑하는 자는 자신의 모든 것을 상대에게 주려 한다. 사랑받길 원하는 자는 상대가 자신을 다시 한 번 정성스럽게 포장하여 보내주기를 바란다.

생성의 무죄 ■

103

가장 먼저
자신을 사랑하라

━ '이웃을 사랑하라.' 성경도 그리 말하지만, 그보다 우선은 스스로를 사랑하는 것이다. 조금의 업신여김도 없이 온전히 자기 자신을 사랑하라. 그 무엇보다 가장 먼저 자신을 사랑하라.

차라투스트라는 이렇게 말했다 ▨

104
사람이
아름답다

━━ 사람이 생각하는 아름다움이란 무엇일까? 혹은 무엇을 미의 기준으로 삼고 있을까? 아름다운 것은 바로 사람이다. 사람만이, 사람과 연관된 것만이 아름답다. 이 단순한 사실을 기초로 다양한 미학이 탄생했다.

우상의 황혼 ■

들꽃

━━ 정성을 다해 가꾼 정원에 탐스럽게 핀 장미가 있다. 선명한 색채, 궁극의 형태라고 여길 수밖에 없는 균형, 향기로움. 여기에는 미(美)의 완성이 있다. 그리고 또 하나. 산과 들의 한 모퉁이에 말없이 피어나는 들장미가 있다. 누구도 돌보지 않았지만 꽃을 피우고 엷은 빛깔을 물들인다. 그야말로 소박함 그 자체인 한 떨기 장미는 비록 완벽한 아름다움은 아닐지라도 사람의 마음을 움직인다.

생성의 무죄 ■

예술적 본능이
사람을 살게 한다

━━ 감각을 매료시키고 쾌감과 감흥을 주는 것들은, 단순하고 명쾌하며 탁 트인 전망과도 같은 시원함, 일련의 규칙성을 갖고 있다. 그러나 정작 현실에서 우리 눈앞에 놓이는 것은 카오스다. 우리는 그것을 단순화하거나, 논리를 부여하거나, 규칙을 만들어 구조화한 것만을 겨우 이해한다. 그렇지 않고는 그 무엇을 이해도, 납득도, 인식도 할 수 없다. 말하자면 사람은 현상 그 자체에 손을 대어 논리적이고 예술적인 것으로 만들어야만 그 세계 속에서 살아갈 수 있다. 이것이야말로 본능 그 자체다.

생성의 무죄 ■

107

예술을 낳는 조건은
도취다

━━ 하나의 예술이 탄생하기 위해서는 그 창조자가 무언가에 완전히 빠져들어야 한다. 그 대상이 무엇이든 완전히 도취되지 않으면 예술은 탄생하지 않는다. 도취를 촉발하는 요인은 강한 욕정, 축제, 투쟁과 모험, 잔혹과 파괴, 기후, 강렬한 의지 등 너무도 다양하지만, 그에는 하나의 공통점이 존재한다. 바로 생의 에너지를 끌어올린다는 점이다.

우상의 황혼 ■

108

예술을
창조하는 힘

━━ 예술작품을 창조하는 힘은 두 가지로 나뉜다. 하나는 이 세상에서 재료를 골라내는 힘이다. 또 하나는 그 재료에서 형태를 만들어내는 힘이다.

철학자의 서 ■

109
밤을 위한
음악과 달

━━ 우리는 왜 음악을 사랑하고, 밤하늘의 달을 사랑하는 것일까. 아마도 음악과 달빛 모두 우리의 밤을 아름답게 비춰주기 때문일 것이다. 우리 마음에 찾아오는 수많은 어둠의 밤을.

인간적인 너무나 인간적인 ■

110

음악은
영혼을 밖으로 이끈다

━━ 음악이 마음을 평온하게 만드는 이유는, 혼탁한 현실 속
에서 아등바등하는 우리 자신으로부터 영혼을 이끌어내어 위
로하기 때문이다. 음악은 현실의 테두리 밖으로 영혼을 가만히
옮겨다 놓고, 현실 속 나를 저만치서 바라보게 한다. 고요하고
평온한 공기 속에서 무엇도 할 필요가 없다. 침묵에 나를 맡길
뿐이다. 그럼으로써 영혼은 음악에 귀를 기울인다. 오직 자신
만을 위한 속삭임, 노래라 믿으며 영혼은 위로받는다.

아침놀 ■

111

음악 그 자체의
즐거움

━━ 비극적인 음악, 너무도 웅대하고 비장하며 광기 어린 느낌을 자아내는 그 선율은 마치 배우처럼 연기한다. 관객을 흥분시키고, 가슴 뛰게 하고, 뒤흔드는 것이 목적인 도구가 된다. 그러나 실내악은 연기 따위 하지 않는다. 음악 그 자체만으로 사람에게 기쁨을 주고자 하는 순수만이 있다.

생성의 무죄 ■

112

받아들여야
사랑할 수 있다

━━ 음악을 사랑한다면 적어도 음악이 흐르는 동안은 조용히 경청한다. 처음 듣는 낯선 음악에 흥이 나지 않을지라도 일단은 귀를 기울인다. 그러다 보면 어느새 그 음악의 매력에 눈뜨게 된다. 사물도 사람도 마찬가지다. 익숙한 것, 기존의 것과 다르다는 이유로 처음부터 밀어내면 사랑할 수 없다. 열린 마음, 관대한 포용력으로 다가가지 않으면 그 대상을 이해하기란 불가능하다. 먼저 받아들여라. 그러면 그대의 관용에 감사를 표하기라도 하듯 처음의 베일을 벗을 것이다. 그리고 본연의 아름다움과 매력을 또렷이 드러낼 것이다. 지금껏 우리도 누군가에게 그러한 방식으로 사랑받아 왔다.

즐거운 지식 ■

음악 속에는
여인이 있다

■ 음악 속에는 관능과 신앙이 한데 어우러져 몸부림치고 있다. 즉 음악 속에는 여인이 있다.

생성의 무죄 ■

114

음악의
힘

━━ 말로 도저히 형용할 수 없으며 그림으로도 그릴 수 없는 매혹, 혹은 무엇으로도 표현할 수 없는 황홀감. 음악은 그것을 몸으로 느끼게 한다.

철학자의 서 ■

무엇이
아름다움과 추함을 구분짓는가

━━ 사람이 추하다고 느끼는 것은 무엇일까. 사람은 힘을 약화시키는 것을 혐오한다. 삶을 이끄는 본능적인 생명력을 꺼트리는 것 혹은 쇠퇴하는 그 상태를 추하다고 느낀다. 찌들거나 피로한 느낌, 부패한 느낌, 노쇠, 억압, 마비 등이 끈질기게 달라붙어 있는 상태……. 그것들이야말로 생명력의 퇴화로 이어지는 징후이기에 사람은 본능적으로 추함을 느낀다.

그리고 그와는 반대에 있는 것, 생명력의 상승을 내뿜는 것에서 사람은 아름다움을 느낀다. 이른바 강인한 기세, 발랄한 기운, 용기, 힘의 충만 등으로부터 감각적으로 생리적으로 원초적인 아름다움을 느낀다.

우상의 황혼 ■

V —

지성에 대하여

Wissenschaft

116

진실에는 고통이
수반된다

━━ 진실을 알고 싶다면 그것과 마주했을 때의 고통을 각오해야 한다. 단, 진실 자체가 고통을 가져오는 것은 아니다. 사람은 누구나 세상에 대한 자기만의 신념 또는 '이것은 분명히 이럴 것이다.'라는 일종의 확신에 빠져 산다. 그러나 진실은 이를 단숨에 파괴해버린다. 그렇기에 진실을 마주한 순간, 우리는 자신의 신념 혹은 오랜 세월 서 있던 발판이 무너져내리는 고통을 경험한다.

생성의 무죄 ▨

117

새로운 것에 대한
두려움

━ 안다는 것 혹은 인식한다는 것은 새로운 것을 낡은 것의 선반에, 즉 이미 잘 알고 있던 것들의 선반에 올려놓고 일단 안심하는 것에 지나지 않는다. 실제로는 그 새로운 것을 알기는커녕 인식하기도 어렵다. 그렇기에 사람은 정말 새로운 것을 두려워한다.

생성의 무죄 ■

별들의 위치에
새로운 의미가 부여되듯이

━━ 방대하고 폭넓은 독서를 하고 그만큼 넓고 깊은 사고를 지속해온 사람이 새로운 생각, 새로운 사상, 새로운 견해와 마주했을 때 과연 놀라거나 위화감을 느낄까? 그렇지 않다. 오히려 새로운 사상과 견해는 기존의 질서와 어우러져 하나의 사슬처럼 이어진다. 마치 제각각 뿌려진 듯한 별들의 위치에 별자리라는 규칙성을 입힘으로써 더욱 명료하고 새로운 의미가 생겨나듯이.

인간적인 너무나 인간적인 ■

119

지혜는
분노를 진화한다

━━ 지혜롭지도 현명하지도 않은 자의 특징은 이러하다. 곧잘 화를 낸다. 가감 없이 울분을 드러낸다. 불평불만이 많다. 초조해한다. 가만히 있지를 못한다. 그러나 지혜가 깊어질수록 분노와 울분은 사그라진다.

인간적인 너무나 인간적인 ■

120

앎의
기본

━━ 어두컴컴한 밤이 있기에, 빛의 따스함과 눈부심을 알 수
있다.

생성의 무죄 ▣

미인과 진리의
공통점

━━ 아름다운 여인과 진리에는 공통점이 있다. 손에 넣었을 때보다 어떻게든 가지고 싶어 안달할 때, 훨씬 정열적이고 미칠 듯한 열기에 휩싸인다는 점에서.

생성의 무죄 ■

122

지혜는
구원의 무기다

■ 지혜는 어떤 순간에 도움이 되는가. 사람은 살아가는 동안 무수히 많은 예측불허의 순간과 부닥친다. 망설임의 순간, 무엇을 어떻게 해야 할지 모르는 순간, 경험칙에서 벗어나는 순간, 어떻게 대처할지 헤매는 것이 아니라 대처할 수가 없는 순간, 정신적 충격을 받는 순간, 그 누구의 도움도 받을 수 없는 절박한 순간……. 우리는 그 상황에 압도되어 얼어붙은 듯 꼼짝할 수 없다. 바로 그 순간 지혜라는 무기는 전혀 다른 사고방식, 생각의 전환을 가져다줌으로써 순간의 억압에서 벗어나게 한다. 위급의 순간, 나를 구원하는 무기가 된다.

철학자의 서 ■

123

학습의 효과는
따로 있다

━━ 우리는 학습을 통해 지식을 습득한다. 그러나 많은 사람이 그 지식이란 것은 정작 사회에서 별 도움이 되지 않는다고 불만을 토로한다. 당연한 말이다. 고작 몇 년 공부해서 얻을 수 있는 지식이란 보잘 것 없기 때문이다. 실상 학습의 효과는 다른 데 있다. 바로 능력의 단련이다. 열심히 조사하는 힘, 추리 혹은 추론하는 힘, 지구력이나 인내력, 다면적으로 바라보는 힘, 가설을 세워보는 힘…… 학습을 통해 이 같은 다양한 능력을 갈고 닦을 수 있다. 이렇게 경험으로 체득한 능력은 인생을 살아가는 데 귀중한 도움을 준다.

인간적인 너무나 인간적인 ■

124

한 권의 책에는
영원이 살아 있다

━━ 책에 어떤 가치가 있냐고 묻는가. 한 권의 책은 어떤 의미에서 관과 마찬가지다. 그 안에 가로놓인 것은 오직 과거다. 책의 전리품은 과거뿐이다. 하지만 어떤가. 과거를 가둬놓았을 뿐인 이 관 속에는 영원(永遠)이 살아 있다. 이곳에는 바다를 가로지르는 바람이 분다. 포탄을 발사하는 굉음이 공기를 양쪽으로 가르고, 괴물이 껄껄 웃고 있다.

시 〈즐거운 지식〉 ■

125

육체는
위대한 이성이다

━━ 사람들은 흔히, 정신이나 이성이 우리의 육체를 움직인다고 믿는다. 육체에 정신 혹은 이성이 깃들어 있다고 생각한다. 정말 그러할까. 내장의 정밀한 움직임을 조절하는 것이 과연 정신이나 이성일까. 혹은 위험이 닥친 순간, 순식간에 몸을 비키도록 지시하는 것이 과연 정신과 이성일까.

정신과 이성이 작용하기 전에 우리의 육체는 스스로 생존에 대한 최선의 작용을 한다. 그렇다면 육체야말로 생존의 지혜로 가득 찬 위대한 이성이라고 불러야 하지 않을까.

차라투스트라는 이렇게 말했다 ■

Sagen

VI

—

말에 대하여

Sagen

언제 무엇을
말해야 하는가

━━ 사람은 언제 말해야 하는가. 더는 침묵이 용인되지 않는 바로 그때 말해야 한다. 사람은 무엇을 말해야 하는가. 자신의 손으로 이룬 것, 자신이 이미 극복한 일만을 차분하고 담담하게 말해야 한다.

인간적인 너무나 인간적인 ■

127

말의
향기

━━ 그 무엇과도 잘 어울리는 기분 좋은 향기가 있는 반면, 그
저 겉돌기만 하는 이취가 있다. 우리가 쓰는 말에도 각자의 독
특한 향기가 배어 있다. 물이 흐르듯 자연스럽게 조화를 이루
는 말이 있고 그렇지 못한 말이 있다. 그렇기에 자신의 말에 더
욱 민감해져야 한다. 좋은 향기를 풍기는지 혹은 악취를 내뿜
지는 않는지 유심히 음미할 필요가 있다.

인간적인 너무나 인간적인 ■

상대를
상처 입히고 싶다면

━━ 무엇을 위해 상대를 헐뜯는가? 상대에게 상처를 주기 위함인가? 그렇다면 방법은 간단하다. 굳이 입을 더럽혀가며 목청 높일 것도 없다. 과장조차 배제하고 있는 그대로의 사실을 단적으로 말해주는 것, 그것만으로 충분하다.

생성의 무죄 ■

크리에이터라면
깃발을 세워라

━━ 에너지가 넘치는 젊은이, 혹은 새로운 시대의 흐름을 개척하는 자들은 가치에 대한 참신하고 독특한 말을 창조해낸다. 그 말들은 그들이 발견한 새 가치로 가득 찬, 기쁨과 감성의 바다에 자랑스럽게 꽂아놓은 깃발이다.

생성의 무죄 ■

말에 포함된
왜곡

━━ 어떤 말일지라도 하나하나의 말에는 어느 정도의 선입견
과 편견이 포함되기 마련이다. 그리고 우리는 말의 액면만을
이해하는 것에 머물지 않고 그에 엷게 내포된 의미까지도 민감
하게 알아채기 위해 마음과 기분을 뒤흔들곤 한다.

인간적인 너무나 인간적인 ▨

말이라는 망망대해를 향해
노를 저어라

━━ 사람들은 언어, 즉 말이라는 매개체를 통해 자신의 생각을 자유롭게 표현하고 있다고 생각한다. 물론 타인의 말 또한 충분히 이해하고 있다고 믿는다. 그러나 현실에 실제 존재하는 '말'이란 것은 우리의 생각을 담기에 그리 넓지 않으며, 개개인이 사용하고 있는 말은 더욱 협소하다. 그처럼 좁은 범위의 언어 가운데 일부만을 말로 내뱉고 있는 것이다. 생각하는 것조차 자신이 가진 작은 언어의 웅덩이 속에 한정된다. 그렇기에 더 큰 자아, 더욱 넓은 세계를 향하고 자신의 가능성을 높이고자 한다면, 우선은 자신의 말을 망망대해로 만드는 것이 필요하다.

아침놀 ■

상대가 답하기 쉬운
질문을 하라

━━ 타인과의 대화를 순조롭게 이어가고 싶다면 상대가 답하기 쉬운 질문을 한다. 생각에 잠기거나 대답하기 어려운 질문은 결국 상대를 거북하게 만든다. 어차피 사람이란, 쉽게 답을 얻을 수 있는 것, 이미 답이 나와 있는 것만 귀에 들어오기 때문이다.

즐거운 지식 ■

133

거짓이 말하는
진실

━━ 아무리 능숙하게 거짓을 말하는 사람일지라도 그 혀끝으로 모든 것을 완벽히 숨길 수 있는 것은 아니다. 거짓을 말하는 그 말투로, 표정으로, 묘하게 세세한 표현으로, 본인은 완벽하다고 믿는 연기로, 결국은 다른 각도에서 진실을 말하고 있기 때문이다.

선악을 넘어서 ■

말로는 다하지
못하는 것

━━ 마음속에 담긴 모든 것을 털어놓으려 해도 그 전부를 말로 표현하기란 불가능하다. 체험한 것을 아무리 묘사하려 해도 어느 한 구석에는 석연치 않은 찜찜함이 남는다. 이는 당연한 일이다. 아무리 많은 단어와 미사여구를 사용해도 실재하는 모든 것을 완벽히 표현하기란 애당초 불가능하기 때문이다. 말은 그저 평균적인 것, 중간 정도 되는 것, 핵심 의미를 대충 파악할 만큼만 상대에게 전할 뿐이다. 듣는 이 또한 대략적인 것만을 이해할 수 있으며, 시간이 흘러 과거에 들은 것들을 직접 체험할 때에야 비로소 실감하게 된다.

우상의 황혼 ■

Geistigkeit

VII

마음에 대하여

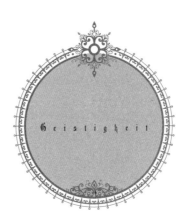

135

부정을 저지르지 않아야 하는 이유

━━ 잘못된 행동이나 부정을 저지르지 않아야 하는 이유는 도덕을 위해서가 아니다. 누군가로부터 야단맞거나 칭찬받거나 혹은 나중에 있을 앙갚음이 두려워서도 아니다. 신앙의 이유도 아니다. 부정을 저지르지 않아야 하는 이유는 마음의 평안과 행복에 상처를 내지 않기 위함이다. 이미 누구나 느끼고 있다. 자신이 저지른 사소한 부정, 단 한 번의 거짓말로 마음속에 그늘이 생긴다는 것을. 잔잔한 마음의 바다에 풍랑이 일고, 청명한 공기와 밝은 햇빛을 방해한다는 것을.

인간적인 너무나 인간적인 ■

136

기분을 끌어올린 후
일을 하라

━━ 사소한 것이라도 좋다. 어떤 계기든 하나라도 부여잡아 자신을 행복하게 만들어라. 최대한 기분 좋게 있어라. 기분을 높이 끌어올려라. 그 후에 정말 하고 싶은 것을 하라.

생성의 무죄 ■

피로의
위험성

━━ 피로는 우리를 약하게 만들고 때로는 심각한 위협을 가한다. 피곤한 상태에서는 평소 사소하게 치부했던 것도 유난히 큰 문제로 다가온다. 피곤이 극에 달하면 이미 충분히 극복한 사안조차 우리를 무너뜨린다. 피로가 우리의 감정과 판단력을 현저히 떨어뜨리기 때문이다. 이럴 때는 무언가를 무리하게 시도하기보다는, 본래의 자신을 회복하기까지 안전한 공간에서 느긋이 휴식을 취하는 것이 최선의 방책이다.

생성의 무죄 ■

고통이라는 이름의
조미료

━━ 기쁨과 감동을 한층 각별한 것으로 만들고 싶은가. 그렇다면 필요한 것은 고통과 고난이다. 아무런 고통이 없다면 기쁨에 관한 어떠한 맛도 느낄 수 없다. 혹은 애초에 기쁨이라는 감정을 알 수조차 없다.

아침놀 ■

139

느끼는 방식은
변화한다

━━ 캄캄한 어둠 속에서의 시간과, 빛이 있는 공간에서의 시간은 전혀 다른 방식으로 흘러감을 경험해보았을 것이다. 이처럼 빛의 유무조차 우리의 감수성을 크게 바꿔놓는다. 무언가를 받아들이는 우리의 감각, 의식, 느낌은 주위의 갖가지 상황과 요소에 따라 얼마든지 변화한다.

생성의 무죄 ■

제멋대로
이해하고 있을 뿐이다

━━ '내 생각은 그래. 내 눈에는 이렇게 보여.'와 같은 솔직한
표현이 아니라 '나는 이렇게 인식한다.'는 식으로 말하는 사람
이 있다. 언뜻 이 말은 꽤 객관적이고 공정한 것인 양 느껴진
다. 진지함마저 묻어난다. 그러나 '인식한다'는 것은 결국 모든
것을 자기 좋을 대로, 제멋대로 이해하고 있는 것을 그럴싸한
말투로 포장한 것에 지나지 않는다.

생성의 무죄 ■

141

슬픔을
잊게 하는 것

━━ '시간이 슬픔을 잊게 한다.'고들 흔히 말한다. 그러나 모두가 알고 있듯이 실제로 시간이 우리를 위해 무언가를 하지는 않는다. 그럼 무엇이 슬픔을 잊게 하는 것일까. 그것은 생활 속에 녹아 있는 개개인의 작은 즐거움, 기쁨, 소소한 만족이다. 그것들이 켜켜이 쌓이면 슬픔과 고통은 어느새 옅어지고, 이윽고 멀리 자취를 감춘다.

생성의 무죄 ■

142

위대한 고뇌와
씨름하라

━━ 작고 사소한 고민을 끌어안고 전전긍긍하다 보면 점점 더 작은 사람으로 굳어져버린다. 반대로, 크고 깊은 고뇌에 골몰할수록 더 큰사람으로 거듭난다. 깊은 고뇌는 우리를 갈고 닦아 불굴의 힘을 기르게 한다. 지금까지와는 다른 새로운 안목을 선사하고, 새롭게 태어날 기회를 준다.

생성의 무죄 ■

의존에 대한
욕구

━━ 진리를 추구한다, 진실을 추구한다 말하는 이들이 있다. 스스로도 그러하다고 굳게 믿는 듯하다. 그러나 그들이 추구하는 대상이 정말 그처럼 추상적일까. 실제로 마음 깊숙이 바라는 것은 강력한 지도자가 아닐까. 그저 압도적인 카리스마를 가진 인물에게 지시를 받고 기꺼이 명령을 떠받들고 싶은 것은 아닐까.

생성의 무죄 ■

144

어떤 판단이든
색이 묻어 있다

━━ 많은 이들이 공정한 판단, 객관적인 판단을 운운하지만 정말로 무색 투명한 입장에서 판단을 내리기란 거의 불가능하다. 판단은 대개 당사자의 선입관이 반영될 수밖에 없으며, 시대와 문화의 도덕관과 가치관의 영향을 받기 마련이다. 그것이 아무리 일반적이고 학문적인 판단이라 할지라도.

생성의 무죄 ■

생활 여건이
가치관을 바꾼다

━━ 어떠한 가치를 중요하게 여기는가는 도덕이나 사상이 아닌, 일상적인 생활 여건에 의해서 결정된다. 그래서 생활이 달라지면 사람의 가치관도 변화할 수밖에 없다. 즉 가치관이라는 것은 많은 이들이 막연하게 믿고 있듯이 확고한 것, 고정된 것이 아니며 얼마든지 변할 수 있는 위태로운 것이다.

생성의 무죄 ■

146.

도덕은 내면에서
샘솟는다

━━ 세상이 말하는 도덕은 대개 '이러이러한 것을 마땅히 해야 한다.'고 지시하기 일쑤다. 그 명령조의 말투는 위에서 내리누르는 강제적인 압박을 담고 있기에 불쾌감을 조장하고 나아가 반항심마저 품게 한다. 그렇다면 불쾌하지 않은 도덕이란 없는 것일까. 개인의 내면에서 자연스레 샘솟는 도덕은 불쾌하지 않다. 그것은 무엇을 해야 한다는 식의 명령을 내리거나 절대적 규범을 강요하지 않는다. 그 도덕은 '나는 이러이러한 것을 하고 싶다.'는 자발적인 목소리이다.

생성의 무죄 ■

147

이해받고 싶지 않은
이유

━━ 타인으로부터 이해받고 싶어하고, 오해를 꺼리는 것이 보통의 상식이다. 그러나 모두에게 이해받을 바에는 차라리 오해를 받는 편이 낫다고 말하는 이가 있다. 그에게 있어 누구에게나 이해받는다는 것은 '네가 생각하는 것은 우리가 쉽게 생각할 수 있는 보통의 수준일 뿐'이라는 조소를 듣는 것과 다름없다.

생성의 무죄 ■

무언가를
이루려 한다면

━━ 언제 범람할지 모르는 급류의 지척에 밭을 일구는 아둔한 사람이 있다. 혹은 언제 폭발할지 모를 분화구 위에 집을 짓는 어리석은 사람이 있다. 자신의 급한 성미, 언젠가 되갚아줄 것이라는 복수심, 오로지 정욕에만 치우친 욕망을 완전히 극복하지 않고 큰일을 이루려는 자나 프로가 되려는 자도 똑같이 어리석다.

인간적인 너무나 인간적인 ■

149
행동을
관철하기 위해

━━ "자신의 행위를 관철하기 위해서는 이것을 버려야만 한다."

"그게 무엇입니까? 가르쳐 주십시오."

"바로 의심이다. 행동하면서 그 행위에 조금이라도 의심을 품는다면 행동은 불완전한 것이 된다. 행동이 관철되려면 조금도 주저해서는 안 된다."

"그렇군요. 맞습니다. 그러나 마지막으로 한 가지 걱정이 있습니다."

"무엇인가."

"만에 하나라도 누군가에게 속은 채로 행동하고 있는지도 모른다는 걱정입니다."

아침놀 ■

호기심은
어디에나 있다

━━ 호기심은 낯선 문화나 유행, 지식, 생소한 외국 등에만 국한되어 발현하는 감정이 아니다. 사람과 사람이 맺는 관계의 바탕에도 신기하고 새로운 면면에 대한 호기심이 시시각각 발현된다. 가령 누군가를 동정하거나 연민하는 행동에도 호기심은 깃들어 있다. 그리고 심지어 모성애에도 녹아 있다. 어머니에게 갓난아기 혹은 어린아이의 행동과 성장의 신비는 새롭고 흥미진진한 체험 그 자체이기에.

인간적인 너무나 인간적인 ■

151

인간은 이해하기
어려운 것을 중시한다

━━ 논리적이고 명료하게 설명할 수 있는 분명한 일과, 어떤 설명이나 이해도 미덥지 않으며 모호함을 풍기는 일이 있다. 사람은 알기 쉬운 전자를 경시하고, 애매한 후자를 무언가 중요한 것으로 받아들이곤 한다. 즉 사람은 자기 눈으로 확실히 볼 수 없는 것, 애매한 것을 중요하다고 여기는 것이다.

인간적인 너무나 인간적인 ■

152

행복을
거부하는 사람

━━ 행복하다 느끼는 것을 세상물정 모르는 이의 천진함, 무언가 경박하고 부끄러운 것으로 여기는 사람이 있다. 혹은 행복이란 결코 자신의 손에 닿지 않는 가공의 존재라 믿기도 한다. 이러한 자들은 누군가가 '당신은 정말 행복한 사람이군요.'라고 말하면 '아니요, 그렇지 않아요.'라고 강력하게 부정한다. 그리고 자신이 갖고 있는 몇 가지 작은 결점이나 불만, 성가신 일들을 다시금 몰래 헤아려본다.

인간적인 너무나 인간적인 ■

호의는
작은 꽃

━━ 사람과 사람이 부대껴 살아가는 일상에서 필요한 것은 호의다. 친근한 눈빛, 악수 같은 친밀한 접촉, 마음을 나누는 교제, 배려가 깃든 말투나 화제. 그것들은 분명 기분을 좋게 만들고 크고 작은 문제를 포용하며 신뢰관계와 친밀함, 인간적인 안도감을 형성한다. 일상의 곳곳, 순간순간에 자리한 호의는 사소하고 평범하며 눈에 띄지 않지만, 분명 생활과 문화의 확고한 초석이 된다. 호의, 그것은 매일같이 피는 작고 파란 꽃과 같다.

인간적인 너무나 인간적인 ■

154

부끄럽다고
느낄 때

━━ 부끄러움을 느낀다는 것은 무엇일까. 사람은 부끄러운 것을 홀로 상상할 때에는 그것을 부끄럽다고 생각하지 않는다. 그러나 자신이 부끄러운 생각을 하고 있음을 타인이 안다고 느끼는 순간, 부끄러운 감정은 맹렬히 끓어오른다.

인간적인 너무나 인간적인 ■

금욕주의자만이
뛰어오를 수 있다

━━ 자신의 길을 찾아내고, 고독하지만 당당히 나아가며, 누구도 도달하지 못한 먼 곳까지 쉼 없이 비상하는 사람이 있다. 그는 다른 이들과 완연히 다르다. 작은 것에 연연하지 않으며 이상할 정도로 금욕주의자다. 많은 것을 단념하고 많은 것을 버려왔기에 비정한 듯 보이기도 하다. 혹은 체념한 듯 보이기도 하다. 그러나 그는 뛰어오르기 위해, 더욱 높이 날아오르기 위해 버려온 것뿐이다. 무거운 굴레를 버리고 가벼워져야만 보다 멀리 비상할 수 있기에.

즐거운 지식 ■

언제나 마음속에
맞수를 담아두어라

▬ 언제나 마음속에 맞수를 담아두어라. 단, 그가 누구인지는 다른 이에게 밝히지 마라. 비밀스러운 경쟁자가 있기에 싸울 힘을 내고 긴장을 유지할 수 있다. 스스로를 끊임없이 단련할 수 있으며 자신의 위치를 정확히 인지할 수 있다. 그런 의미에서 은밀한 경쟁자를 갖는 것은 일종의 사치라고도 말할 수 있다.

즐거운 지식 ■

157

내 안의 풍요를
깨달아라

— 안타깝게도 너무나 많은 사람이 넘치도록 풍요로운 자신을 깨닫지 못한 채 살아간다. 우리는 무엇이든 될 수 있다. 무엇이든 할 수 있다. 허무맹랑한 말이 아니라 완벽히 그 말 그대로 현실에서. '불가능해, 이 상황에서는 될 리가 없어.'라고 말하는 것은 아직 게으른 마음이 남아 있기 때문이다. 무엇에든 전심을 다하지 못하기 때문이다. 그러나 의지가 있다면 무엇이든 가능하다. 실제 그것을 이룬 사람, 그렇게 된 자는 그것이 진실임을 알고 있다. 자신의 풍요로움을 깨달아라. 그리고 풍요로움이 이끄는 대로 충실히 움직여라.

즐거운 지식 ■

158

고통은
배를 지휘하는 선장의 목소리다

━━ 사람은 한 척의 배와 같다. 몸과 마음은 망망대해를 항해 중인 배다. 그 배가 위기에 처하면 이를 감지한 몸의 선장은 고통이라는 강력한 경계 명령을 내린다. "돛을 접어라!" 난파를 피하기 위해서라도 선장의 말을 따라야 한다. 그리고 성난 바다가 잔잔해지면 다시금 돛을 높고 넓게 펼쳐, 힘차게 나아가면 될 일이다.

즐거운 지식 ◢

159

매력의
비밀

━━ 구조가 명확히 드러난 일, 진상이 밝혀진 일, 충분히 이해한 일은 더 이상 사람들의 관심을 끌 수 없다. 이미 해명되었다고 '믿고 있는 일'도 마찬가지다. 사람들의 관심을 언제까지고 붙잡아두기 위해서는 애매함과 바닥 모를 깊이를 갖춰야 한다. 매혹과 신비성, 애매함은 서로 손을 맞잡고 있으니까.

선악을 넘어서 ▧

160
자신을 되찾는
방법

━━ 진위를 알 수 없는 의견이나 주위의 잡음에 휘둘리지 않고 자신을 지키며, 나아가 사태를 보다 선명하게 볼 수 있는 방법이 있다. 그것은 자신의 정신을 자유롭게 하는 것이다. 그러기 위해서는 민감하게 반응하는 감정, 충동, 돌발적인 마음의 동요를 눌러 담아야 한다. 그럼에도 불구하고 여전히 감정이 요동치려 한다면 시릴 정도의 차가운 물로 얼굴과 손을 정성스럽게 씻어보는 것도 좋을 것이다. 마치 티끌만큼의 감정까지도 씻어내듯이.

선악을 넘어서 ■

161

인기를 얻는
기술

━━ 여자가 남자의 마음을 얻는 방법은 무엇이 있을까. 평균 이상의 수려한 미모? 톡톡 튀는 매력? 여기 그보다 더욱 간단하고 확실한 비결이 있다. 남자 앞에서 곤란한 표정을 짓는 것이다. 이를 본 남자는 일종의 부성애를 자극받아 눈앞의 여자를 지켜주고픈 충동을 느낀다. 그리고 그 같은 기분, 즉 본능을 이끌어낸 특별한 존재로서 여자를 바라보고 끌리게 된다.

선악을 넘어서 ◣

싸우는 자는
적과 닮아간다

━━ 그대가 싸우는 상대는 누구인가. 벽찰 정도로 강한 괴물인가. 그렇다면 사력을 다해 싸워야 할 것이다. 다만 한 가지는 조심하라. 괴물과 싸우는 동안 어느새 그대도 괴물로 변할지 모른다. 그대가 심연을 계속 바라본다면 심연 또한 그대를 뚫어지게 바라볼 테니.

선악을 넘어서 ■

163

사람은
누구를 증오하는가

■━━ 사람은 누군가가 마음에 들지 않는다는 이유만으로 무조건 증오하지는 않는다. 마음에 들지 않는 사람일지라도 그에게 값을 매겨본 후 별것 아닌 인간이라 여겨지면 작은 혐오감조차 가지지 않는다. 너무나 큰 상대, 빈약한 상대, 본래부터 경멸을 느끼는 상대도 마찬가지다. 증오가 싹트는 상대는 오로지 자신과 생활범위나 생활수준이 비슷한 사람, 자신과 공통분모가 많은 사람, 저보다 조금 더 위에 있다고 무의식중에 판단하는 사람이다.

선악을 넘어서 ■

164

두 종류의
칭찬

━━ 가족 아닌 타인을 향해 진심으로 박수를 보낸 적이 있는
가. 그때 그의 어떤 부분에 박수를 보냈는가. 당신의 능력이나
성과와 일치하는 부분, 당신과 닮은 점에 대한 아낌없는 칭찬
인가. 아니면 어느 것과도 결코 닮지 않은 부분에 대한 칭찬인
가. 만약 전자의 경우라면 그것은 당신 자신을 칭찬하는 것, 즉
자화자찬일 뿐이지 결코 상대를 칭찬한 것이 아니다.

선악을 넘어서 ■

단단하게도 부드럽게도 산다

━ 매순간을 냉정하고 이성적으로 살기 위해 애쓰지 마라. 가슴을 짓누르는 무게, 어깨의 뻐근함이 가중될 뿐이다. 이성적 사고, 계산적이고 합리적인 행동만을 고집한다면 만사가 힘겹고 점점 버티기조차 버거워질 것이다. 고양이처럼 유연하게, 조금쯤은 부드러워져도 좋다. 억눌렸던 기분과 감정을 해방시키고 비이성적 비합리적으로, 마음이 시키는 대로 지내며 기분 전환을 하는 것도 좋다. 그것만으로 우리는 본래의 인간성에 영양을 공급받고, 삶의 활기를 북돋는 윤활유를 얻는다.

생성의 무죄 ■

용서의
어려움

━━ 적을 용서하는 자는 무척이나 넓고 장쾌한 마음을 지닌 큰사람으로 보인다. 하지만 그런 그도, 친구를 용서하기란 훨씬 어려운 법이다.

생성의 무죄 ■

167
이해타산과 격정의
결합

■ 아욕(我慾, 자신만을 위한 이기적 욕망)이라는 말은 너무나 불길하며 품위가 없다. 그렇기에 대부분의 사람은 자신에게 아욕 따위는 없으며, 혹여 있다손 치더라도 극히 미미할 것이라고 자평한다. 그러나 그런 자들이야말로 이해타산과 격정에 쉽게 사로잡히곤 한다. 그리고 이해타산과 격정, 그 두 가지가 결합하여 하나로 굳어진 것이 바로 아욕이다.

생성의 무죄 ■

떠들썩한 것이
위안이 될 때

━━ 너무도 섬세한 감수성을 지녔기에 때때로 자신만의 깊은 고독에 잠기는 이가 있다. 그에게 시끌벅적한 이 세상은 어떻게 비춰질까? 아이러니하게도 그에게 세상 사람들의 떠들썩한 목소리와 모습은 결코 번거롭지 않다. 그것은 오히려 작은 위안이 되기도 한다.

생성의 무죄 ■

169
완전한 행복의
조건

━ 사람들이 동물을 좋아하고 어린아이를 좋아하는 이유는 무엇일까? 동물과 어린아이는 아무런 근심 없이 행복해보이기 때문이다. 그들은 상황에 따라 자신을 숨기거나 가리려 하지 않는다. 언제나 평소처럼 행동한다. 무엇도 감추지 않으며 있는 그대로, 완전한 정직함 속에서 살아간다. 과거를 돌아보는 일도 없으며, 지금 외에는 바로 다음 순간도 생각지 않는다. 마음은 언제나 지금, 현재의 마음뿐이다. 즉 순간에 사로잡혀 있다. 그렇기에 근심도 권태도 없다.

그리고 우리는 지난 역사의 방대한 기억과 막연한 불안으로 가득한 미래를 늘 놓지 못하고 있기에, 그들이 누리는 찰나의 행복을 선망한다.

반시대적 고찰 ■

170
좋고 싫은
이유

━ 누군가를 미워한다고 말하는 이가 있다. 증오에 대한 이유를 낱낱이 밝히며 공감을 호소한다. 그러나 그 자의 말에서 믿을 수 있는 것은 미워한다는 감각뿐이며, 미움의 이유는 공감할 수 없다. 그 사람이 나열한 미움의 이유라는 것은 자신이 느끼는 좋고 싫은 감정에 꼬리말을 달 듯 차후에 그럴듯한 논리를 부여한 것뿐이기 때문이다. 미움의 진정한 이유이기보다는 세상 사람들이 흔히 하는 눈가림 혹은 자기변호와 다름없기 때문이다.

아침놀 ■

171

나약할 때
증오를 느낀다

━━ 사람들은 대개 나약할 때 누군가를 미워한다. 혹은 복수할 기회가 있다고 여겨질 때 상대를 증오한다. 반면, 상대에게 틈이 보이지 않고, 복수는커녕 비난조차 할 수 없을 때에는 증오할 엄두조차 내지 못한다. 분명한 것은, 스스로가 풍요롭고 강하다는 확신을 가질 때에는 상대에게 증오를 느끼지 않는다는 사실이다.

아침놀 ■

172

위로 아닌
위로

━━ 좌절한 이에게 건네는 위로가 모든 경우에 옳다고 할 수는 없다. 사실 위로라는 것은, 쓰러져가는 이에게 그보다 안전하고 높은 곳에서 건네는 말과 같기 때문이다. 그러므로 평소 자존심 강한 누군가가 비통함에 빠져 있다면 "너에게는 지금 어떠한 말도 위로가 되지 않겠지."라고 말하는 편이 현명하다. 그것만으로 그는 자신에게 내려진 고차원적 고난을 온몸으로 받아들이고 있다는 일종의 선민의식을 느끼게 된다. 동시에 자신을 위로할 자가 세상에 없다는 사실을 자기 존재에 대한 명예의 상징으로 여기고, 다시금 고개를 들어 올릴 힘을 얻는다.

아침놀 ■

173

죄의식의 무게는
다른 사람에게 전가된다

━━ 과거에 저지른 자신의 악행을 누군가에게 고백한다. 그로써 고백한 장본인은 이제껏 가슴을 짓눌러온 죄의식, 죄책감을 덜고 일종의 해방감, 홀가분함을 느낀다. 그리고 과거 자신의 악행을 겨우 잊을 수 있게 된다.

그러나 그 고백을 들은 사람은 영원히 잊을 수 없다.

인간적인 너무나 인간적인 ▨

174
봉사의
평가

━━ 일의 평가는 보통 성과로 가늠된다. 일한 사람이 흘린 땀의 양과는 관계없이 어떤 결과가 나왔느냐가 가치의 중심에 선다. 단, 타인을 보살피고 봉사하는 일의 경우는 사정이 다르다. 이때의 평가는 성과의 유무가 아닌, 일한 자의 정성이 반영된다. 즉 봉사와 희생을 실천한 이의 노고와 마음이 크게 보일수록 높이 평가받는다.

인간적인 너무나 인간적인 ■

175

행동은 결코
자유롭지 않다

━━ 사람은 자유로운 존재임에 틀림없지만, 그 행동의 기저에는 어쩔 수 없는 감정의 사슬이 얽혀 있다. 가령 용감한 행동이나 대담한 행동의 밑바닥에는 허영심이 있다. 평범한 행동의 밑바닥에는 버릇처럼 길든 고정관념이, 사소한 일에의 집착에는 이렇게 하지 않으면 불안하다는 공포심이 도사리고 있다.

인간적인 너무나 인간적인 ▌

176

고민의 작은 상자에서
탈출하라

━━ 고민하는 사람은 언제나 틀에 박혀 있다. 기존의 사고방식과 감정이 부유하는 비좁은 상자 속에 갇혀 있다. 그곳에서 나올 꿈조차 꾸지 못한다. 고민의 상자는 죄다 낡은 것이 채우고 있다. 낡은 사고방식. 낡은 감정. 낡은 자신. 그곳에 있는 모든 것은 조금도 발전하지 않은 과거에 머무르며 같은 가치, 같은 이름을 가진다. 사실, 이를 깨닫는 것만으로도 이미 고민의 상자에서 탈출하는 방법을 아는 것이다. 이름과 가치를 스스로 결정해보라. 병을 새로운 세계를 향한 다리라 이름 붙이고, 고난과 수고를 인생이 주는 시련이라 이름 붙이고, 방황을 편력이라고 이름 붙이고, 빈곤을 현재를 만족하는 연습이라고 이름 붙이고, 역경을 도약의 기회라고 명명하듯이. 그것만으로 상자는 새로운 가치로 자연스럽게 채워진 전혀 다른 공간이 된다. 그리고 삶은 풍요로움에 더 가까워진다.

차라투스트라는 이렇게 말했다 ■

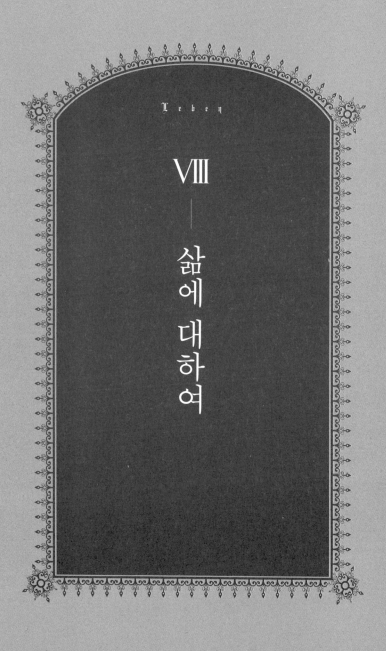

Leben

VIII

—

삶에 대하여

Leben

기다리지 말고 나아가라,
살아라

━ 언제나 한 자리에 우두커니 머물러 있는 이가 있다. 대체 무엇을 기다리는 것일까. 저 멀리서 누군가가 찾아오리라 믿는 것일까. 언제 올지도 모르는 행복을 그저 막연히 기다리고만 있는 것일까. 기다리다 보면 누군가가 나타나 기적처럼 지금의 고통에서 구원해주기라도 하는 것일까. 혹은 어느 날 신이나 천사가 내려와 축복해주기라도 하는 것일까.

그러다가는 끝내 기다리기만 하는 인생을 살 것이다. 지금 우리가 해야 할 일은 다시 한 번 최선을 다해 새로운 인생을 사는 것이다. 지금 이 순간, 그리고 다음 순간에도 온 힘을 쏟아 최고의 인생을 살아내는 것이다.

생성의 무죄 ▇

일은 사람을
강하게 만든다

━ 일에 몰두하는 자는 강하다. 그는 어떤 일이 일어나도 주저하지 않는다, 서두르지 않는다, 흔들리지 않는다, 당황하지 않는다, 불안해하지 않는다, 걱정하지도 않는다. 전심을 쏟아 일을 해나가는 과정을 통해 무던히 단련된 마음과 인격은 남들보다 훨씬 앞선 곳으로 나아가 있다.

즐거운 지식 ■

현실을
제대로 살아가는 방법

━━ 인생에 대한 고민은 휴가 때 하라. 평소에는 일에 전념한다. 자신이 해야 하는 일에 에너지를 쏟고, 해결해야 하는 문제와 정열적으로 씨름한다. 이것이 현실을 제대로 살아가는 방법이다.

생성의 무죄 ■

180

모든 것을
순순히 받아들여라

━━ 인생을 살아가면서 우리는 필연적인 사건들과 맞닥뜨린다. 관계, 애착, 대립, 이별, 변화, 상실, 보살핌, 성가신 일, 뒤처리, 고생, 사력을 다해야 하는 일……. 물론 이런 문제에서 등을 돌릴 수도 있다. 그러나 할 수만 있다면 그 모든 것을 온전히 받아들이고 전력을 다해 마무리하라. 그러면 그 모든 일은 온전히 자신의 것이 된다. 그리고 그 같은 과정을 통해 손대기 전에는 너무나 버거워보였던 일이 생각보다 가벼운 문제였음을 깨닫게 된다.

생성의 무죄 ■

과거를 지나치게
사랑하지 마라

— 지난날의 좋은 추억을 이따금 그리워하는 것은 괜찮다. 다만 지나치게 빠져들지는 않도록 경계하라. 과거일 뿐인 추억에 붙잡혀 집착하다가는, 앞으로 마주할 새로운 가치와 의미는 전혀 알아보지도 못한 채 놓쳐 버릴 수 있기에.

생성의 무죄 ▨

자연이
가르쳐주는 것

━━ 자연은 아무 의미 없이 존재하지 않는다. 자연은 우리의 위대한 스승이다. 우리에게 똑똑히 보여준다. 장애와 고난을 극복함으로써 새롭게 변화하는 모습을. 그렇기에 장애와 고난은 우리의 삶에 필연적으로 수반되어야 한다는 것을.

생성의 무죄 ■

자연은
이루어낸다

━━ 자연은 무엇도 가지려 하지 않는다. 그럼에도 자연은 반드시 목적을 달성한다.

생성의 무죄 ■

끊임없이
도전하라

━━ 젊은이는 그저 그런 승리가 보장된 인생을 탐하지 말아야 한다. 안정이 보장된 미래를 꿈꾸지도 말아야 한다. 끊임없이 도전하라. 백 번이라도 주저 없이 도전하라. 수많은 실패가 뒤따를지언정, 포기하지 말고 부딪혀라. 실패와 성공을 반복하며 도전하는 것이야말로 생생히 살아 있다는 증거다. 그러니 모든 것을 속속들이 파헤치고 몸부림치며 도전하는 하루하루를 살아라. 지치지 않고 도전을 거듭한 인생은 다른 누군가에게 단단한 용기가 될 것이다.

생성의 무죄 ■

185

초라하게
살지 마라

━━ 당신은 강하고 담대하게 살아나가리라 마음먹었을 것이
다. 그러나 실제로는 어떠한가. 사소한 일에도 쉽게 화를 내고
전전긍긍하기 일쑤다. 최대한 안전하게 살아가는 것이 목표일
뿐 아니라, 절약이나 안온함을 미덕이라 여긴다. 이런 삶은 너
무나 초라하지 않은가.

생성의 무죄 ■

186

고뇌는 생명력을
샘솟게 한다

▬ 고통과 고뇌를 덜기 위해 있는 힘껏 도망치기만 한다면, 결국 그 사람의 생명력은 힘을 잃을 것이다. 사람은 견디기 힘든 고통을 통해 스스로의 능력을 끌어올릴 수 있음을 기억하라. 고뇌만이 삶을 최고에 이르게 한다. 마치 암벽을 기어오르며 정상을 바라보는 이가 그러하듯이.

생성의 무죄 ■

187

고인 물은
썩는다

━━ 하나의 민족으로 굳어버린 사람들이 있다. 이들은 선조에게 이어받은 도덕과 종교, 전통, 인습에 끊임없이 얽매인다. 그 때문에 다른 민족은 결코 이해할 수 없으며 더욱 고집불통이 되어간다. 그렇게 고립된 채 늙어가고 종국에는 파멸한다. 개인의 삶도 마찬가지다. 변화를 꾀하지 않는다면, 시시때때로 올라서지 않는다면 제대로 된 인생을 살 수 없다.

생성의 무죄 ■

188

좋은 것은
우리를 삶으로 이끈다

— 모든 좋은 것은 우리를 삶으로 이끈다. 살아갈 의욕을 불어넣는다. 혹여 죽음을 다루는 책, 하물며 생을 거스르는 내용을 담은 책이라 할지라도 그것이 좋은 책이라면 살아가는 데 필요한 영양과 자극제가 된다.

인간적인 너무나 인간적인 ■

인생은
형태가 없다

━━ 사람들은 언뜻, 인생이란 것을 일종의 형태로 표현할 수 있다고 생각한다. 그러나 인생은 그림으로 그릴 수도, 시로 쓸 수도 없다. 수많은 예술가가 인생을 표현하려 애쓰지만 결국 완성된 작품은 자신이라는 개인의 인생을 소재로 한 단편적 자취일 뿐이다. 이를 뛰어넘어 보편적인 삶 그 자체를 완벽하게 그리고 영원한 형태로 봉인하는 것은 불가능하다. 인생, 즉 살아가는 것을 특정된 이미지나 소리, 형태로 표현할 수 없는 이유는 그것이 쉴 새 없이 유동과 변화를 반복하는 '생성' 그 자체이기 때문이다. 생성이야말로 우리의 삶이며, 우리의 현실이다.

인간적인 너무나 인간적인 ▨

190

인생은 끝까지
살아내는 여로

━━ 체험은 좋은 것이다. 겁내지 말고 부딪혀라. 관광객처럼 구경만 한 채 그곳을 떠나지 마라. 몸과 마음으로 깊게 체험하라. 단, 그저 경험하는 것에 그쳐서는 안 된다. 마음에 새겨야 한다. 그리고 체득하라. 자신의 것이 되게 하라. 아니 그것으로도 충분치 않다. 자신의 것이 되었다면 남김없이 모두 활용하라, 마지막 한 방울까지. 인생은 그대 자신이 끝까지 살아내는 기나긴 여행이므로.

인간적인 너무나 인간적인 ■

칭찬받은
젊은이에게

━━ 누군가에게 칭찬받는 것은 기분 좋은 일이다. 그러나 절대 잊지 마라. 그 칭찬은 타인이 만들어놓은 링에서 좋은 성적을 거두었기에 받는 박수일 뿐이다. 이제 당신은 그들보다 더욱 높고 넓은, 자신만의 독자적인 링을 만들고 그곳에서 활개를 펴야 한다.

인간적인 너무나 인간적인 ▨

더욱더
성장하라

━━ 성장하라, 높이 더 높이. 도중에 만족하지 말고 점점 더 높은 곳을 향해 성장하라. 사람으로서 살아가는 자로서 계속 전진하는 자로서, 더 많은 지식을 쌓고 경험을 넓히고 사랑을 하고 고난을 받아들이고 성장하라. 그러다 보면 좋은 것이 무엇인지 눈에 들어온다. 이전에는 눈길 한번 주지 않았던 것이 얼마나 좋은 것인지 비로소 체감한다. 일단은 그 높이에 다다를 때까지 자신을 성장케 하라.

인간적인 너무나 인간적인 ■

진정 바라는 것은
고난 끝에 반짝이고 있다

— 그 마음을 안다. 아플 정도로 잘 안다. 그래도 서둘러서는 안 된다. 수많은 이가 우러러보는 큰 인물이 되고 싶을지라도, 진리를 탐구하는 학자가 되고 싶을지라도, 아름다움을 추구하는 예술가가 되고 싶을지라도, 혹은 당장에라도 그리 될 듯할지라도 지금은 서두르지 말아야 한다. 이내 손에 닿을 듯한 그것이 아무리 훌륭하고 위대해보여도, 자신의 목적 그 자체로 보일지라도 손쉽게 얻는 것은 온전한 의미를 지닐 수 없다.

그대는 우선 자기 자신을 살라. 오직 그대만의 삶을 살아야만 진짜가 될 수 있다. 그것에는 고통, 고뇌, 궁핍, 실의, 노력, 극복이 반드시 필요하다. 괴로움을 피하고 싶은 마음은 잘 안다. 그러나 그대가 진정 바라는 것은 그 고난 끝에 반짝이고 있을 것이다.

인간적인 너무나 인간적인 ■

194

쇠약의
착각

━━ 저 멀리 희미하게 가라앉는 태양, 부드럽게 살갗을 스치는 공기, 황혼 무렵의 고요. 누구나 위로받을 것만 같은 평온한 풍경이다. 그리고 이러한 저물녘의 매혹과 같은 완숙함이 묻어나는 노인이 있다. 흡사 세상의 이치를 통달한 완성된 인간과도 같다. 그러나 그 독특하게 아련한 형상과 벨벳과도 같은 부드러운 몸가짐은, 어쩌면 정신의 노화가 빚어내는 쇠약의 명백한 증거일는지 모른다.

아침놀 ▨

195

근심하지 않는
나비처럼

━━ 나비가 있다. 목숨이 하루도 채 남지 않았다는 사실 따위
는 조금도 괘념치 않고, 그 가냘프고 아름다운 날개에 이윽고
차디찬 밤이 찾아들 것을 걱정하지 않고. 꽃과 꽃 사이를 힘차
게 날아다니는 나비가 있다.

아침놀 ▨

홀로
사막을 건너라

━━ 걸음을 멈추지 않는다. 가까스로 여기까지 왔구나 안심하며 뒤를 돌아보지도 않는다. 앞으로 앞으로 나아갈 뿐이다. 뒤에 아무도 없다고, 친구나 동료가 보이지 않는다고, 홀로 남았다고 겁먹지 않는다.

그렇기에 당신은 여기까지 올 수 있었다. 다만 아직 도달한 것은 아니다. 아직 끝나지 않았다. 더 나아가라. 지난날 누구도 디딘 적 없는 그 길을 걸어라. 사막은 아직도 넓기만 하니까.

아침놀 ◢

Leben

197
청춘이기에
아프다

━━ 시대를 불문하고 청춘은 언제나 불안정하다. 일도 인생도 이제 겨우 출발점을 지났을 뿐이고, 어른들처럼 확고한 생산성을 가진 것도 아니기 때문이다. 몸은 젊고 생기 넘치지만, 내면은 망설임과 좌절감이 가득 들어차 있다. 자신감은 시시때때로 꺼지기 일쑤고 앞길은 막막하기만 하다. 심지어 그런 불안정한 자신을 어른들이 이해하고 지켜봐 주고 있다는 것조차 느끼지 못한다.

인간적인 너무나 인간적인 ■

사형의
무게

━━ 그것이 어떤 형태이든 사형은 살인보다 더 우리의 마음을 무겁게 한다. 사형은 결국 우리를 향한 완고한 협박 중 하나이 기 때문이다. 강제적으로 죽임을 당하는 것은 한 명의 살아 있 는 사람일 뿐이며, 사형이 완벽하게 이루어진다 해도 죄 자체 가 완전히 사라지는 것은 아니다.

인간적인 너무나 인간적인 ■

구해도
얻지 못한다면

━━ 원했음에도 얻지 못했다면, 다음 방법은 더 간절히 구하는 것이다. 원하는 것을 확실히 손에 넣을 때까지 끈질기게 구한다. 그럼에도 얻지 못했다면, 더는 애쓰지 않는다. 이는 포기가 아니다. 이제는 구하는 대신 발견해야 한다. 찾아내야 한다. 그리하면 언젠가는 애초에 구했던 것보다 더 고귀한 무언가를 반드시 찾을 수 있다.

즐거운 지식 ▌

자신의 발로
나아가라

━━ 누군가가 이미 만들어놓은 길을 걷지 마라. 앞서 간 누군가의 방식이나 지도자가 제시하는 길에 당신을 맞추지 마라. 오로지 당신만의 길을 가라. 막연할지라도 당신만의 길을 넓혀가라. 그렇게 스스로를 이끌고 당당하게 나아가라.

즐거운 지식 ■

쟁취하라
오직 자신의 힘으로

━━ 두 손을 모으고 무언가를 탐하는 얼굴로 간절히 원하지 마라. 받을 것이라고 여기지 마라. 받는 것만 생각하지 마라. 받을 권리가 있다고 생각하지 마라. 아무것도 하지 않고 타인에게 받는 것은 무의미하며, 노력 없이 받는 것은 영영 당신의 것이 될 수 없다. 쟁취하라, 오직 당신의 힘으로.

즐거운 지식 ▨

멈춰 서면
디딤돌이 되리라

━━ 늘 익숙한 것만을 반복하는 친구가 있다. 그러한 친구를 배려하느라 그와 함께 언제나 같은 자리에 머무는 사이, 누군가는 당신을 밟고 당당히 높은 곳으로 올라간다. 당신은 누군가의 디딤돌이 될 뿐이다. 그처럼 밟히기만 하는 디딤돌로 살아갈 것인가. 애당초 디딤돌이 꿈은 아니었을 것이다.

즐거운 지식 ■

독을
거름으로

━ 세상을 살아가는 한 우리는 온갖 장애에 부딪힐 수밖에
없다. 증오와 미움, 방해, 시기, 유언비어, 괴롭힘, 폭력, 유혹,
불신, 이해타산, 냉대…… 그 앞에서 완전히 무릎 꿇고 자기 자
신을 잃어버리는 이가 있는가 하면, 그것을 성장의 밑거름으로
삼는 이도 있다. 후자의 그에게 이 모든 장애와 시련, 불합리는
더 이상 독이 아니다. 자신을 고매하고 훌륭한 사람으로 만들
어주는 고마운 거름이다.

즐거운 지식 ■

우리 역시
언제 죽을지 모르기에

━━ 죽어가는 아이가 있다. 부모는 아이가 원하는 것, 좋아하는 모든 것을 주려 한다. 심지어 아이의 건강을 위해 이제껏 금해왔던 것조차도. 왜냐하면 아이는 곧 죽음을 앞두고 있기 때문이다. 실은 우리도 마찬가지다. 곰곰이 생각해보면 우리 역시 언제 죽을지 모른다.

생성의 무죄 ▮

완전한 삶을 염원하는 자의
도덕

— 어떤 필연적인 사건에서도 도망치지 않으며, 모든 것을
겸허히 받아들이고, 나아가 필연 그 자체를 사랑하는 이가 있
다. 그에게는 운명을 사랑하는 것이 도덕이다.

생성의 무죄 ▉

인생에는
고통과 쾌락이 공존한다

━━ 고통만이 존재한다면 사람은 살아갈 수 없다. 쾌락만이 흘러넘친다면 어느 사이엔가 쾌락에 무감각해진다. 고통과 쾌락이 뒤섞여 있는 곳. 바로 그곳이 사람이 사는 곳, 사람이 살아갈 수 있는 장소다.

생성의 무죄 ■

자신이라는 인간을 체험하는 것, 그것이 인생이다

━━ 인생은 방랑과 같다. 살아가는 것은 방랑하는 것이다. 평원을 지나 험준한 산줄기를 수없이 넘어야 한다. 칠흑 같은 어둠을 거치고, 계곡물에 발을 적시고, 차가운 별빛 아래를 걸어야 한다. 그러는 동안 우리는 수많은 사건을 마주할 것이며 많은 것을 체험할 것이다. 그러나 결국, 언제나 자기 자신을 체험하는 것뿐이다. 자신이라는 인간을 체험하는 것, 그것이 인생이다.

차라투스트라는 이렇게 말했다 ▨

작게
살지 마라

━━ 큰 인물이 되고 싶은가. 그렇다면 이 세상에 차고 넘치는 작은 지혜를 뱉어내라. 안정된 생활, 근면, 이성, 효율, 쾌적함, 장수, 최대 다수의 최대 행복, 자기만족 따위의 작은 삶을 사는 자들이 욕망하는 것을 멀리하라. 고만고만하게 살다 보면 고만고만한 것들이 기쁨이 되고 고통이 된다. 그런 소시민으로서의 삶을 거부하고자 한다면 이 세상의 흔한 지혜와 교활한 도덕을 짓밟아 버려라. 그럼으로써 당신은 인생의 절정과 고난을 얻을 것이다.

차라투스트라는 이렇게 말했다 ■

육체적 욕망에
가치를 매기지 마라

━━ 인간 육체의 자연성에서 기인하는 욕망을 충족시키는 것은 본능적으로 필요한 일이다. 그런데 우리는 그마저도 온갖 포장을 덧씌운다. 종교적이라든지, 도덕적이라든지, 어른으로서 어떻다든지, 사회인으로서 어떻다든지 등의 이유로써.

그 결과 선과 악, 옳고 그름과 같은 기준이 세워지고 욕망이 그 기준에 어긋나는 경우 우리는 욕망을 충족하는 것에 정신적 피로를 느끼게 된다. 그로 인해 본디 쉽게 할 수 있는 일조차 무척 어려운 일로 둔갑한다.

생성의 무죄 ▉

재능을 살리는
원동력

━━ 아무리 희귀하고 오묘한 빛깔을 지닌 원석일지라도 다듬지 않으면 빛나는 보석이 될 수 없다. 마찬가지로, 아무리 뛰어난 재능을 가지고 있다 할지라도 이를 제대로 발휘해 작품이나 행위로 구현하지 않으면 그 의미는 퇴색될 수밖에 없다. 그리고 그때 필요한 것이 지속력 혹은 지속하는 것을 즐기는 힘, 강인한 정신력, 정력적인 육체이다.

인간적인 너무나 인간적인 ■

211

고통은
인생이 주는 선물

━━ 살다 보면 고난이 닥치기도 하고 비극적인 사건도 일어나기 마련이다. 다만 그럴지라도 자신이 불운한 인간이라는 생각은 하지 마라. 오히려 고통을 안기는 인생에 존경심을 품어라. 불면 날아갈 듯한 볼품없는 적군 한 명을 상대하기 위해 정예 병사 한 사단을 보내는 지휘관은 세상 어디에도 없다. 그러므로 고난을 인생이 주는 선물로 여겨라. 고통을 통해 정신이, 마음이, 살아가는 힘이 더욱 단련되고 있음에 기뻐하라.

우상의 황혼 ▨

획일적 사고와 태도의 늪에서
단호히 탈출하라

— 개인의 사고방식 혹은 감정을 느끼는 방식을 두고, 사람들은 마치 식사예법과 같은 법도나 기준이 있는 양 주장한다. 그러나 일이나 사건을 대함에 있어 정해진 감정을 품거나 사고해야 할 이유는 없으며 주위 사람들에게 맞출 필요도 없다. 세상 사람들이 이러이러한 일은 이렇게 생각하고 저렇게 행동해야 한다는 공식을 수없이 늘어놓지만, 그들 역시 누군가에게 빌린 매뉴얼을 그대로 이행하고 있을 뿐이다. 스스로 사고하고 스스로 느끼지 않는다. 획일화된 사고방식과 견해, 태도 아래 자기 자신을 고스란히 잊고 살아간다.

인간적인 너무나 인간적인 ■

높은 곳에
오르기 위해서는

━━ 산 정상에 도달하기 위해 고군분투하는 자에게 당부할 것이 있다. 오르는 도중에는 위를 향하고 있다는 생각을 하지 마라. 지금까지 몇 개의 산등성이와 언덕을 올랐는지 세지 마라. 그저 한 발 한 발만을 확실히 내딛어라. 이는 비단 산을 오르는 자에게만 국한되지 않는다. 세상의 높은 곳에 이르고자 하는 모든 이들 또한 마찬가지다.

시 〈위를 향해〉 ▪

물고기의
변명

━━ 물고기가 불평을 토로한다. "이 바다는 바닥을 알 수가 없어. 대체 얼마나 깊은지 모르겠다니까." 연약하고 볼품없는 물고기는 바닥까지 헤엄쳐 갈 의지가 없기에 그 말밖에는 할 수 없다. 비슷한 이유로 우리 역시 같은 말을 하고 있지는 않은가.

시 〈춤의 노래〉 ■

창조하는 이들에게
건네는 비밀

━━ 무언가를 창조하려고 한다면 어린아이를 유심히 지켜보라. 어린아이가 비밀을 말해줄 것이다. 어린아이는 의도를 갖거나 기대하지 않는다. 창조를 통해 무언가를 얻으려 하지 않는다. 하나하나가 새로운 시작이다. 그럼에도 기를 쓰지 않는다. 힘들이지도 않는다. 창조조차 유희이다. 모든 것을 오롯이 홀로 해낸다. 거기에는 실패도 성공도 없다. 모든 행동 하나하나가 유일무이한 기쁨을 가져다준다. 온갖 것을 재료로 하며, 모든 재료를 있는 그대로 긍정한다. 자신의 손으로 만든 모든 것을 긍정한다. 그야말로 성스러운 긍정이다.

차라투스트라는 이렇게 말했다 ▇

인생의 의미는
그 손에 있다

━ 세상의 의미를 찾아 나선 자, 인생의 의미를 찾아 나선 자, 자신의 의미를 찾아 나선 자들은 사막에서 빈손으로 어찌할 바를 모르고 있을 것이다. 그들이 찾는 의미란 것은 어디에도 놓여 있지 않으며 숨겨져 있지도 않기 때문이다. 애초에 의미란 존재하지도 않았다. 그렇다고 세상이나 인생이 헛된 것은 아니다. 인생의 의미는 스스로 만드는 것이다. 무엇이 어떻다거나 얼마 만큼이다 하는 것을 스스로 결정하라. 역동적으로 살아간다면 인생은 생기를 품은 빛나는 의미로 가득 찰 것이다. 비관에 잠겨 살아간다면 인생은 한여름 대낮이라도 캄캄한 어둠이 드리워질 것이다.

권력에의 의지 ■

용기가
가치를 창출한다

━━ 젊은이는 고뇌한다. 좋은 것, 가치 있는 것이란 과연 무엇일까? 좋은 것은 용기이다. 용기만이 모든 가치를 창출한다. 새로운 세계, 새로운 삶의 방식은 용기 있는 자만이 개척할 수 있다. 참고 견디고 극복한 후 승리를 부르는 것은 언제나 용감한 자들이었다. 젊은이여, 용감하라. 다른 이들이 두려워할 만큼 용감하라.

차라투스트라는 이렇게 말했다 ■

이전에는 알지 못했던
구원

━━ 이미 일어난 일을 두고 "어쩔 수 없는 일이었어."라고 말하는 것은 포기하는 것이다. 변명하는 것이다. 이런 식으로는 앞으로 일어날 모든 일 또한 당신 곁을 그저 스쳐 지나갈 것이다. 당신은 흘러가는 물을 바라보기만 하는 강가의 돌멩이 신세가 될 것이다.

여기 또 하나의 태도가 있다. 일어난 일을 두고 자신이 바란 것 혹은 자초한 것이라 바꿔 말하고 바꿔 생각한다. 그것만으로도 인생의 모든 순간이 나 자신과 연결되고, 동시에 의미가 생겨나고, 인생 전체가 스스로의 것이 된다. 그것은 이전의 당신이 알지 못했던 구원이다.

차라투스트라는 이렇게 말했다 ■

행위가
운명을 낳는다

━━ 운명을 만드는 것은 무형의 기이한 존재가 아니다. 그 행위를 했는가 하지 않았는가, 마지막까지 해냈는가 중도에 포기해버렸는가, 지켰는가 지키지 않았는가, 받아들였는가 도망쳤는가, 버렸는가 주웠는가와 같은 '행위'가 사건을 만든다. 그리고 그로부터 다음 운명이 복잡하게 얽혀들어 간다. 그렇기에 다음 순간 자신에게 일어나는 모든 일은 스스로가 초래한 운명일 수밖에 없다. 그 순간 어떻게 행동하느냐가 또 다른 운명적 사건을 낳는다.

철학자의 서 ▓

어떻게
살 것인가

━━ 바로 저기에서 무언가가 벌어지고 있다. 당신은 조금 떨어진 곳에 서서 방관할 것인가, 아니면 다가가 직접 처리할 것인가, 그것도 아니면 외면한 채 자리를 피할 것인가. 지금까지 당신은 어떠했는가. 앞으로는 어떻게 할 것인가. 그리고 지금, 어떻게 하고 있는가.

우상의 황혼 ▩

자기 일이
최고라고 믿으라

■ 사랑에 빠진 사람은 사랑하는 이에게 완전히 몰두한다. 연인을 세상에서 가장 매혹적이고 소중한 존재라 여김으로써 최고의 사랑을 느낀다. 자신의 일과 본분에 매진할 때에도 이 처럼 절대적인 믿음이 필요하다. 제 일을 무엇보다 매력적이고 중요하다고 믿어야 한다. 거기에 구름 한 점이 낀다면, 점점 걷 잡을 수 없는 먹구름으로 번져 실패를 가져올 것이다.

인간적인 너무나 인간적인 ■

목표를
포기하지 마라

━━ 많은 이들이 자신이 선택한 길 위에서 고군분투한다. 그러나 자신이 꿈꾼 목적지에 도달하기 위해 전심을 다하는 자는 그리 많지 않다. 어느 순간엔가 그 꿈을 아득히 먼 과거의 추억처럼 그리운 눈빛으로 바라보기만 하는 이가 너무나 많다.

인간적인 너무나 인간적인 ■

기분이
이끄는 대로

━━ 하루를 보내다 보면 어느 때인가 긍정의 기운이 솟아나는 순간이 있다. 그럴 때는 그늘에서 책을 읽기보다는 활력 넘치는 육체가 이끄는 대로 움직여보는 것이 어떨까. 분명 어제보다는 조금 더 발전한 나를 만날 것이다. 그리고 밤이 되어 노곤함이 밀려오면 느긋이 다리를 펴고 스탠드 불빛 아래에서 책장을 넘겨봐도 좋을 것이다.

생성의 무죄 ▉

超譯 니체의 말 II

3판 1쇄 | 2022년 9월 26일
3판 4쇄 | 2023년 10월 30일
편   역 | 시라토리 하루히코
옮 긴 이 | 박 미 정
발 행 인 | 김 인 태
발 행 처 | 삼호미디어
등   록 | 1993년 10월 12일 제21-494호
주   소 | 서울특별시 서초구 강남대로 545-21 거림빌딩 4층
           www.samhomedia.com
전   화 | (02)544-9456
팩   스 | (02)512-3593

ISBN 978-89-7849-668-1 (03100)